POLYGLOTT

SÜDSCHWEDEN

ON TOUR

DER AUTOR

CHRISTIAN NOWAK

zieht es häufig nach Südschweden, denn von
Berlin ist es nur ein Katzensprung über die Ostsee bis
zu den Stränden der Westküste, den Wäldern und
Seen Smålands, und auch Stockholm ist gar nicht so
fern. Er ist Mitglied des Berliner Büros
»Die Reisejournalisten« und Co-Autor des
POLYGLOTT on tour Stockholm.

W0085127

Unser E-Book-Code zur elektronischen Erweiterung des
POLYGLOTT on tour. Das kostenlose E-Book enthält die im
Reiseführer aufgeführten Adressen entlang der Touren,
beispielsweise zu Essen und Trinken, Shoppen, Aktivitäten
und Hotel-Tipps. Links auf einen externen Kartendienst
vereinfachen das Auffinden dieser Adressen.

WWW.POLYGLOTT.DE

SYMBOLE ALLGEMEIN

 Erstklassig: Besondere Tipps
der Autoren

 Seitenblick: Spannende
Anekdoten zum Reiseziel

 Top-Highlights und

 Highlights der Destination

52 TOUREN & SEHENSWERTES

TOUR-SYMBOLE		PREIS-SYMBOLE	
1 Die POLYGLOTT-Touren		Hotel DZ	Restaurant
6 Stationen einer Tour	€	bis 1000 SEK	bis 200 SEK
📖 A1 Die Koordinate verweist auf	€€	1000 bis 1500 SEK	200 bis 300 SEK
die Platzierung in der Faltkarte	€€€	über 1500 SEK	über 300 SEK
📖 a1 Platzierung Rückseite Faltkarte			

Gotland und Öland S. 138

Skåne und Malmö S. 54

ZEICHENERKLÄRUNG DER KARTEN

beschriebene Region
(Seite=Kapitelanfang)

10 E h Sehenswürdigkeiten

4 Tourenvorschlag

Autobahn

Schnellstraße

Hauptstraße

sonstige Straßen

Fußgängerzone

Eisenbahn

Staatsgrenze

Landesgrenze

Nationalparkgrenze

OSTSEE

Kattegat

POLEN

DEUTSCHLAND

DÄNEMARK

Bornholm
(Dän.)

Halland

Skåne

Blekinge

Sjælland

Lolland

Gdynia
Gdańsk

Wejherowo

Słupsk

Koszalin

Kolobrzeg

Świnoujście

Sassnitz

Greifswald

Rügen

Stralsund

Rostock

Lübeck

Kiel

Fehmarn

Gedser

Nykøbing

Korsør

Havnsø

København

Helsingør

Helsingborg

Halmstad

Falkenberg

Grenaa

Ebeltoft

Torekov

Mölle

Ängelholm

Landskrona

Lund

Malmö

Trelleborg

Ystad

Simrishamn

Kivik

Åhus

Kristianstad

Hässleholm

Ängelholm

Åstorp

Båstad

Almhult

Ljungby

Växjö

Kosta

Tingsryd

Karlshamn

Karlskrona

Kalmar

Öland

Borgholm

Ottenby

Sjöbo

Ronne

Traryd

50 km

E22

E4

E6

E20

E22

E47

E20

E28

E28

E65

E55

E22

Im Schärengarten an
der schwedischen Küste
vor Stockholm

TYPISCH

SÜDSCHWEDEN IST EINE REISE WERT!

Schweden ist ein Land mit viel Platz für Mensch und Natur. Dies gilt auch für Südschweden, obwohl es viel dichter besiedelt ist als der Norden. Wer einen anregenden Mix aus kulturellen und landschaftlichen Höhepunkten sucht, ist hier genau richtig.

CHRISTIAN NOWAK
zieht es häufig nach Südschweden, denn von Berlin ist es nur ein Katzensprung über die Ostsee bis zu den Stränden der Westküste, den Wäldern und Seen Smålands, und auch Stockholm ist gar nicht so fern. Er ist Mitglied des Büros »Die Reisejournalisten« und Co-Autor des POLYGLOTT on tour Stockholm.

Ziemlich flüchtig waren meine ersten Begegnungen mit Schweden, denn der schnellste Weg nach Norwegen – anfangs mein Lieblingsland in Skandinavien – führt über die Europastraße 6. Immer an der Küste entlang, möglichst nonstop in Richtung Oslo war damals der Plan.

Irgendwann habe ich die Fahrt dann doch unterbrochen, um mir die Felsritzungen bei Tanumshede anzuschauen, und noch heute ziehen mich diese Kunstwerke aus der Bronzezeit in ihren Bann. *Hällristningar* nennen die Schweden die in Stein gehauenen Bilder, die es zwar auf der ganzen Welt gibt, aber nirgendwo so zahlreich und vielfältig wie an der schwedischen Westküste.

Die häufigsten Motive sind Krieger, Schiffe, Wagen und Tiere, wobei diese auf das Wesentliche oder die Umrisse reduziert wurden. Gerade einmal 3000 Jahre sind diese Kunstwerke alt, die Künstler haben nur 100 Generationen vor uns gelebt, und doch wissen wir fast nichts über sie. Warum haben sie sich die Mühe gemacht, mit einfachsten Werkzeugen unzählige Bilder in den harten Stein zu ritzen? Die *hällristningar* sind wie ein Bilderbuch, zu dem der erklärende Text verloren gegangen ist. So ist zum Beispiel auch die Bedeutung des Schiffshebers völlig rätselhaft. Warum stemmt der Mann ganz allein ein großes Schiff? Ist es nur ein Zufall, dass ähnliche Motive auch in Ägypten gefunden wurden, oder gab es vor 3000 Jahren schon Verbindungen zwischen den Kulturen?

Mein Interesse an Südschweden war geweckt – und nicht nur das für alte Steine. Dazu gehörte natürlich auch als Pflichtlektüre die Sommergeschichte »Schloss Gripsholm« von Kurt Tucholsky, in der er seine Wahlheimat wie folgt skizziert: »Wenn die Leute in Deutschland an Schweden denken, dann denken sie: Schwedenpunsch, furchtbar kalt, Ivar Krueger, Zündhölzer, furchtbar kalt, blonde Frauen und furchtbar kalt.«

Seit der Erstveröffentlichung der Erzählung 1931 hat sich einiges verändert. Der Schwedenpunsch ist nicht mehr das liebste Getränk der Schweden, und das Zündholzmonopol des Ivar Krueger existiert auch nicht mehr. Blonde Frauen gibt es dagegen noch, und furchtbar kalt kann es auch werden – zumindest im Winter und dann aber nur im hohen Norden des großen Landes.

Zündhölzer und Punsch gelten heute nicht mehr als typisch schwedisch, was aber dann?

Wie wäre es mit: Knäckebrot, Wasalauf, Volvos, Elchen, IKEA, Wäldern, ABBA, Roxette, Astrid Lindgren, Kurt Wallander und natürlich dem Königshaus?

Mit jedem Aufenthalt ist mir das Land mehr ans Herz gewachsen. Und so manches Mal habe ich mich gefragt, ob es nicht eine gute Idee wäre, noch mehr Zeit in Schweden zu verbringen. Vielleicht in einem der typischen roten Holzhäuser in Småland mit einem eigenen kleinen See vor der Tür und viel Platz bis zum nächsten Nachbarn. Oder ist doch die winzige Hütte auf einem Schärenbuckel mein Favorit? Die Entscheidung fällt schwer.

In jedem Fall bleibt die Sehnsucht nach den langen Sommertagen, die bereits in Südschweden von einer nur kurzen Nacht unterbrochen werden. Obwohl die echte Mitternachtssonne erst jenseits des Polarkreises scheint,

Der Stadtteil Västra Hamnen (Westhafen) in Malmö mit dem Hochhaus Turning Torso

Die Halbinsel Djurgården ist eine grüne Oase mitten in Stockholm

wird es schon in Stockholm im Sommer kaum noch dunkel. Es ist aber nicht nur diese ungewohnt lange Helligkeit, die mich fasziniert, es sind auch die Lichtstimmungen – wenn sich die Stille der Nacht über die Landschaft legt und das Licht gleichzeitig samtig weich wird. Manch einer leidet wegen der fehlenden Dunkelheit unter Schlafstörungen, ich genieße die Freiheit, jederzeit aufbrechen zu können, sei es zu einer Wanderung oder einem Fototrip. Wenn bei der Heimfahrt zurück in den Süden die Tage immer kürzer werden, ist schon klar, dass ich wiederkommen muss.

Jedes Mal aufs Neue überrascht mich die sportliche Begeisterung der Schweden. Orientierungsläufer und Wanderer streifen durch die Wälder, es wird gepaddelt, geklettert, geangelt und gesegelt. Und wenn der erste Schnee fällt, werden Skier und Schlittschuhe aus dem Keller geholt und die Eisangeln mit stoischer Ruhe in den nächsten See gehalten. Fußball oder Eishockey? Die Frage nach der beliebtesten Mannschaftssportart ist schwer zu beantworten. Klar ist jedoch, dass die schwedische Frauenfußballnationalmannschaft schon lange erfolgreicher als die der Männer kickt.

Egal zu welcher Jahreszeit ich nach Schweden komme und wohin ich fahre, das Land strahlt eine gelassene Ruhe aus. Ideal für einen Urlaub zum Auftanken und Durchatmen. Schon Tucholsky kannte dieses Gefühl und beschrieb es meisterhaft in einem einzigen Satz: »Wir lagen auf der Wiese und baumelten mit der Seele.«

WAS STECKT DAHINTER?

Die kleinen Geheimnisse sind oftmals die spannendsten. Hier werden die Geschichten hinter den Kulissen erzählt.

WARUM WIRD DER MAIBAUM ERST ZU MITTSOMMER AUFGESTELLT?

In einigen Regionen Deutschlands wird am 1. Mai ein geschmückter Baumstamm auf dem Dorfplatz aufgerichtet und anschließend ein Fest gefeiert. Auch in Schweden wird das Aufstellen eines geschmückten Baumes mit einem großen Fest begangen: zu Mittsommer, dem längsten Tag des Jahres. In Schweden wird *midsommar* zwischen dem 20. und dem 26. Juni gefeiert, und zwar an dem Samstag, der dem längsten Tag des Jahres am nächsten ist. Zentrales Element ist der Baum, ein altes Sonnen- und Fruchtbarkeitssymbol, der mit Laub und Blumen umwickelt wird. Durch zwei Kränze, die an ihm hängen, hat er die Form eines Kreuzes. Der Baum wird *midsommerstång* (Mittsommerstange) oder *majstång* (Maistange) genannt. Dabei hat *maj* nichts mit dem Monat Mai zu tun, sondern kommt von *maja*, was soviel wie »mit Blumen schmücken« bedeutet.

WARUM SIND FAST ALLE KIRCHEN IN VISBY RUINEN?

Das stolze Visby besaß im Mittelalter mehr Kirchen als irgendeine andere Stadt Schwedens. Ende des 13. Jhs. gab es wegen der Vormachtstellung im Ostseehandel zwischen Lübeck und Visby einen Machtkampf, der in den darauffolgenden Jahrzehnten zugunsten von Lübeck entschieden wurde. 1525 schließlich war Visby so sehr geschwächt, dass es von den Truppen der Hansestadt Lübeck angegriffen wurde. Alle Kirchen mit Ausnahme der deutschen Kaufmannskirche St. Marien, des heutigen Doms St. Maria, wurden dabei zerstört. Sie sind bis heute dachlose Ruinen und Mahnmale zwischen den Häusern der Stadt.

WARUM WIRD LUCIA GEFEIERT?

Das Luciafest wird praktisch überall in Skandinavien am 13. Dezember gefeiert. Es ist der Tag der heiligen Lucia, der vor der gregorianischen Kalenderumstellung außerdem der kürzeste Tag des Jahres war. In der heutigen Form wird das Lichterfest erst seit rund 100 Jahren begangen.

1927 wurde erstmals in Stockholm eine Lucia gewählt, ein junges Mädchen in einem langen, weißen Kleid mit roter Schärpe und mit einem Kerzenkranz auf dem Kopf. In jeder schwedischen Gemeinde wird heute ein Umzug durch Kindergärten und Krankenhäuser veranstaltet. An der Spitze geht Lucia, die Leuchtende, gefolgt von Mädchen, die jeweils zwei Kerzen in den Händen halten. Sie singen das Lied »Sankta-Lucia«, anschließend gibt es ein mit Safran gewürztes Hefegebäck, die *lussekatter*, und *glögg*, Glühwein.

50 DINGE, DIE SIE ...

Hier wird entdeckt, probiert, gestaunt, Urlaubserinnerungen werden gesammelt und Fettnäpfe clever umgangen. Diese Tipps machen Lust auf mehr und lassen Sie die ganz typischen Seiten erleben. Viel Spaß dabei!

... ERLEBEN SOLLTEN

1 Strandleben in der Stadt Auf der Insel Långholmen ▮ E2 – mitten in Stockholm – können Sie am Sandstrand entspannen und im sauberen Wasser des Mälarsees baden. Cityfeeling mal anders.

2 Inselwelten entdecken Erkunden Sie auf einem der weißen Schärendampfer › S. 97 den Schärengarten vor Stockholm, mit seinen rund 30 000 Inseln und verschlungenen Wasserwegen der größte Schärengarten Schwedens. Die ca. einstündige Fahrt nach Vaxholm › S. 124 ist der Schnuppertrip.

3 Shoppen in der Haga Nygata Nicht nur die kopfsteingepflasterte Fußgängerzone ▮ d3 von Haga, dem Trendviertel Göteborgs, macht mit ihren kleinen Läden und vielen Cafés auch Shoppingmuffeln Beine. Selbst die Tasse Kaffee hat noch nie so gut geschmeckt wie hier. Bummeln, schauen, glücklich sein.

4 Arche des Nordens Ein besonderer Spaziergang erwartet Sie in dem weitläufigen Freigehege von Nordens Ark › S. 100. Hier erleben Sie bedrohte Tierarten des Nordens in ihrer natürlichen Umgebung. Neben den Tieren Skandinaviens, wie Wildkatze und Luchs, sind auch Exoten wie Amurtiger und persische Leoparden zu beobachten.

5 Schienenradtour Auf einigen stillgelegten Bahnstrecken können Sie abwechslungsreiche Draisinenfahrten unternehmen. Abseits vom Autoverkehr »radeln« Sie zum Beispiel auf der lohnenswerten Tour ab Tomelilla ▮ B6 durch Skåne (Infos unter »Railbiking« auf www.dressin.se).

6 Moorwanderung Über Südschwedens größtes Moor, das Store Mosse › S. 80, werden im Sommer geführte Wanderungen mit Schneeschuhen angeboten. Ein wunderbares Erlebnis, allerdings sind danach Schuhe und Hosen reif für die Waschmaschine. Infos und Buchungen im Besucherzentrum zwischen Hillerstorp und Värnamo (Tel. 010/223 61 30, www.sverigesnationalparker. se/storemosse).

7 Huckleberry Finn on tour Sehr romantisch und spannend ist die Floßfahrt auf dem Klarälven ▮ B1, der in den Vänersee mündet. Bei Vildmark › S. 31 können Sie unter fachkundiger Anleitung und mit einiger Muskelkraft ihr eigenes Floß bauen und sich dann mit gemüt-

Holzsteg im Store Mosse, Südschwedens größtem Moorgebiet

lichen 2 km/h flussabwärts treiben lassen. Fernglas nicht vergessen!

8 Schnaufend durch Österlen
Der Dampfzug »Ångtåget på Österlen« fährt in gemächlichem Tempo zwischen Brösarp ◖ C6 und St. Olof ◖ C6. Die gut 30-minütige Fahrt durch die offene Landschaft von Österlen ist nicht nur für Eisenbahnfans ein Erlebnis (Fahrzeiten unter www.skanskajarnvagar.se, 180 SEK).

9 Dorfleben Das historische Dorf Äskhult ◖ B4 in Halland dient als Freilichtmuseum, Natur- und Kulturreservat. Besucher können hier alte Handwerkstechniken erleben und erlernen, Mittsommer, Erntedank oder eine Bauernhochzeit feiern (www.askhultsby.se/en, im Sommer tgl. 11–16/17 Uhr).

10 Inselpicknick Von Rönnäng auf Tjörn setzt eine Fähre in 20 Min. zur kleinen Insel Åstol › S. 98 über. Decken Sie sich am Hafen von Åstol in der *rökeri* mit Fisch, Krabben und Brot ein und gehen Sie zum Badeplatz an der Südwestspitze: ein herrlicher Ort für ein Picknick mit Ausblick über das Kattegat.

… PROBIEREN SOLLTEN

11 Knäckebröd Nein, man findet es nicht nur bei Wasa & Co. im Supermarkt, sondern auch in kleinen Bäckereien, die es nach traditioneller Art selbst backen. Eine knusprig salzige Hommage auf das harte Brot ist die Version von PM & Vänner Bröd och Sovel in Växjö › S. 78 (Norrgatan 23, Mo–Fr 7.30–18.30, Sa 8–16 Uhr).

Die Panzer von Flusskrebsen werden beim Kochen leuchtend rot

12 Krebse Im Spätsommer geht es den feuerroten Flusskrebsen an den Panzer. Die Schweden nennen sie *kräftor* und lieben diese Delikatesse! Grund genug, ein Fest zu feiern, die *kräftskiva* – dazu gehören Papphüte, Luftschlangen, Aquavit und natürlich jede Menge Krebse. Eine empfehlenswerte Adresse ist das Restaurang Tennstopet E2 im Stockholmer Stadtteil Vasastan (Dalagatan 50, www.tennstopet.se, €€).

13 Köttbullar Die Fleischbällchen mit Kartoffelpüree, brauner Sauce, eingelegten Gurken und Preiselbeeren verbindet jeder mit Schweden. Ganz besonders gut sind sie im Smaka e3 in Göteborg (Vasaplatsen 3, www.smaka.se, €€).

14 Strömling Der kleine Bruder des Ostseeherings wird roh eingelegt und hat einen milden Geschmack. Im Den Gyldene Freden

> S. 137 in Stockholms Altstadt gibt es hausgemachte Variationen.

15 Smörgåsbord Ein Büfett für den großen Hunger mit allen Köstlichkeiten der schwedischen Küche: von kalten über warme Gerichte bis zum Dessert. Das *smörgåsbord* auf den Schiffen der Stena Line zwischen Kiel und Göteborg > S. 25 bietet einen gelungenen Auftakt oder Abschluss Ihres Schwedenurlaubs.

16 Öl Einheimisches Bier wie Falcon oder Eriksberg trinken Sie nirgends stimmungsvoller als in der Stockholmer Bierhalle Kvarnen E2 in Södermalm (Tjärhovsgatan 4, www.kvarnen.com, tgl. ab 11 Uhr).

17 Falukorv Die Wurst ist mit der deutschen Fleischwurst verwandt, denn deutsche Einwanderer, die im 16. Jh. in der Kupfergrube in Falun C1 arbeiteten, haben sie damals eingeführt. Schwedische Kinder lieben *falukorv*, die es in wirklich jedem Supermarkt zu kaufen gibt.

18 Pytt i Panna »Winziges aus der Pfanne« ist neben Köttbullar das wohl typischste aller schwedischen Gerichte – aus knusprig gebratenen kleinen Kartoffel-, Fleisch-, Wurst- und Zwiebelwürfeln. Kann man z. B. im Stockholmer Pelikan E2 in Södermalm probieren (Blekingegatan 40, www.pelikan.se, €€).

19 Fisch aus Kivik Im Hafen des kleinen Ortes Kivik > S. 63 treffen sich die Fischliebhaber, denn ob geräuchert oder frisch vom Kutter, besser geht es nicht. Für viele ist Kivik das am besten bewahrte Fischerdorf in Skåne und Buhres Fisk das beste Fischgeschäft ganz Schwedens (Brogatan 7, www.buhresfisk.se, tgl. ab 10 Uhr).

20 Absolut Vodka Reiner als Absolut kann Wodka nicht sein – das behauptet zumindest der Hersteller. Absolut überzeugend schmeckt er jedenfalls beim *ålagille*, dem Aalgelage in Åhus › S. 64.

21 Zimtschnecken XXL Keine Süßigkeit ist wohl typischer für Schweden, jeder Bäcker und jeder Supermarkt hat *kanelbullar* im Angebot. Die vielleicht größten Zimtschnecken hat das Café Husaren  d3 in Göteborg (Haga Nygata 28, www.cafehusaren.se, tgl. 8–19/20 Uhr).

22 Gotlands Trüffel Weltberühmt sind die Edelpilze aus Italien und Frankreich, weniger bekannt die aus Gotland. Den schwarzen Burgundertrüffeln auf die Spur kann man im Herbst auf einer organisierten zweistündigen Safari kommen, und zur Belohnung gibt es dann im Smakrike Krog ▮ E4 in Ljugarn ein sechsgängiges Trüffelmenü (www.tryffelsafari.se).

... BESTAUNEN SOLLTEN

23 Über Stockholm im Heißluftballon Lautlos über Stockholm und den Schärengarten zu schweben ist kaum zu toppen. Angeboten werden die Fahrten z. B. von Ballonflyg ▮ D2 (Koltrastvägen 21, 19255 Sollentuna, www.ballong.se, ab 2600 SEK)

Stockholms Altstadt ist wie geschaffen als Kulisse für eine Ballonfahrt

Künstler haben seit den 1950er-Jahren Stockholms *tunnelbana* zur Kunstgalerie gemacht

24 Die längste Galerie der Welt
Jede der 100 Stationen der Stockholmer Metro ist ein Kunstwerk. In den Sommermonaten werden Di, Do und Sa kostenlose Kunstführungen in Englisch angeboten, Treffpunkt ist um 15 Uhr am SL Center 📖 b2 Sergels Torg.

25 Allsång på Skansen Das Freilichtmuseum Skansen › S. 134 sollten Sie im Sommer unbedingt einmal dienstags zwischen 20 und 21 Uhr besuchen, dann drängen sich einige Tausend Schweden vor der Bühne und singen inbrünstig schwedische Lieder.

26 Horologium mirabile Lundense
Der Dom von Lund › S. 65 über-

rascht im Inneren nicht nur mit der wunderbaren Astronomischen Uhr mit dem 200-jährigen Kalender aus dem Mittelalter, sondern auch mit »In dulci jubilo«, dem zweimal täglich erklingenden Jubelgesang (Mo bis Sa 12, 15, So 13, 15 Uhr).

27 Galionsfiguren Das Marinemuseum in Karlskrona › S. 73 lässt das Herz jedes Seebären höher schlagen, doch wer die Halle mit den Galionsfiguren betritt, dem verschlägt es angesichts der überlebensgroßen und so kunstvoll geschnitzten Holzfiguren den Atem.

28 Holzschnitzerei Ein besonderes Schmuckstück und Tischlerhandwerk vom Feinsten ist das stattliche, grün-weiße Societätshaus von 1886 auf der kleinen Schären-insel Marstrand › S. 98. In ihm hat ABBA 1980 das Video zum Song »The Winner Takes It All« gedreht.

㉙ Göteborgs schönste Aussicht
Auf dem 87 m hohen Ramberget 📱 c1 im Keillers Park hat man einen einmaligen, nach allen Seiten freien Blick auf die Stadt. Ein Stein am Gipfel weist mit eingravierten Pfeilen auf die Sehenswürdigkeiten hin.

㉚ Turning Torso Das in Malmö stehende Hochhaus › S. 61 gilt als Meisterwerk der Architektur. Jedes Stockwerk ist um 1,6 Grad zum darunterliegenden verdreht, insgesamt verdreht sich das 190 m hohe Gebäude um 90 Grad. Ein überwältigendes Wahrzeichen der Stadt.

㉛ Glimmingehus Die wehrhafte, wuchtige Burg bei Simrishamn › S. 63 wurde Anfang des 16. Jh. errichtet und seither nie verändert. Im Sommer gibt es Mittelalterfestivals und Ritterspiele (Borgvägen 6, Hammen-hög, www.raa.se/glimmingehus, Mitte Juni bis Mitte Aug. tgl. 10–18 Uhr, sonst kürzer).

㉜ Tanz der Kraniche Am Horn-borgasjö 📱 B3 rasten im Frühjahr Tausende von Kranichen – ungemein beeindruckend ist ihr Paarungsritual. Der beste Beobachtungsplatz ist Trandansen an der Südspitze des Sees.

㉝ Designtrends Das Form Design Center 📱 b1 in Malmö ist Anlaufstelle für alle, die sich faszinie-

ren lassen wollen von den neuesten Trends bei Möbeln, Textilien, Grafiken und Architekturmodellen (Lilla Torg 9, www.formdesigncenter.com, Di–Sa 11–17, So 12–16 Uhr).

... MIT NACH HAUSE NEHMEN SOLLTEN

㉞ Zuckerstangen Der kleine Ort Gränna › S. 83 am Vättersee ist Heimat der rot-weißen Zuckerstangen namens *polkagrisar*. Längst gibt es die Leckereien nicht mehr nur in Rot-Weiß ... Eine große Auswahl hat Grenna Polkagriskokeri (Brahe-gatan 39, www.polkagris.com).

㉟ Spettekaka Der Spießkuchen ist insbesondere typisch für Skåne, vergleichbar mit unserem Baumkuchen, allerdings sehr trocken. Bekannt für gute Qualität ist Johanna Jeppsons Spettkaksbageri 📱 c2 in Malmö (Föreningsgatan 85, www.johan najeppssons.se, Mo, Fr 12–15, Mi 15–17 Uhr).

㊱ Whisky Whisky aus Schweden? Ja, das geht! Ein Mackmyra aus Gävle 📱 D1, eine der nördlichsten Whisky-Destillerien der Welt, macht sich gut in Ihrer Hausbar. Günstiger als im Systembolaget-Laden bekommen Sie den edlen Tropfen auf den Stena-Line-Fähren von Göteborg nach Kiel › S. 25 (www.mackmyra.se).

㊲ Lösgodis Die Naschereien, die man selbst zusammenstellt, bietet so gut wie jeder Supermarkt. In einem Spezialgeschäft wie den Kara-mellaffären 📱 b2 in Stockholms Zentrum stehen Sie jedoch vor riesigen Regalen und haben die Qual der buntesten Wahl (Drottninggatan 14).

38 **Möbel** Es gibt mehr als IKEA, z. B. Gösta Westerberg ▮ E2 auf der Stockholmer Insel Kungsholmen. Auch wer Transportfreundlicheres sucht, ist hier richtig: Die Freemover-Kerzenleuchter z. B. sind schön und koffertauglich (Fleminggatan 13, www.gwm.se, Mo–Fr 10–18, Sa bis 16, So 12 bis 16 Uhr, ab 365 SEK).

39 **CDs und Vinyl** Seit 35 Jahren betreibt Stefan Jakobson im Stockholmer Bezirk SoFo seinen Laden Pet Sounds ▮ E2, eine der besten Adressen der Hauptstadt, wenn es um Musik geht. Hier finden Sie ga-

rantiert nicht nur ABBA-Musik (Skånegatan 53, petsounds.se, Mo–Fr 11–18, Sa bis 17 Uhr).

40 **Porzellan** Wahre Klassiker sind die Designstücke der Porzellanmanufaktur Rörstrand aus Lidköping › S. 107, die auf Flohmärkten Höchstpreise erzielen. Rörstrands Museum angeschlossen ist ein Outlet, in dem man viele Stücke der Manufaktur kaufen kann (Fabriksgatan 4, Mo–Fr 10–17, Sa bis 16, So 11–15 Uhr).

41 **Käse** Kenner wissen um die Vielfalt und Qualität schwedischer Käsesorten. Bei Falbygdens Osteria ▮ B3 in Falköping sind diejenigen gut aufgehoben, die nicht nur Klassiker wie Västerbottensost mit nach

Schweden lieben Süßigkeiten, *godis*, und die dürfen gern auch lose sein, *lösgodis*

Hause nehmen wollen (Göteborgsvägen 19, www.falbygdensosteria.se, tgl. 10/11–16/18 Uhr).

42 Clogs In Schweden heißen die Holzschuhe *trätofflor*, und wer auch zu Hause Bequemlichkeit mit Stil verbinden will, der sollte in der Trätoffelfabrik 📕 d3 in Göteborg vorbeischauen (Haga Nygata 19, www.haga tratoffel.se, Mo–Fr 11–18, Sa bis 16, So 12 bis 16 Uhr, ab 380 SEK).

Ursprünglich waren Clogs Arbeitsschuhe

... BLEIBEN LASSEN SOLLTEN

43 Stockholm mit dem Auto Die Hauptstadt nervt mit Staus und der Suche nach einem sehr teuren Parkplatz. Besser ist Ihr Fahrzeug auf einem der Park-&-Ride-Plätze am Stadtrand aufgehoben.

44 Das Danke vergessen Schweden sind ungemein freundlich und bedanken sich für alles. Ein *tack* ist deshalb immer obligatorisch. Das geht sogar so weit, dass als Antwort auf ein *tack* ein *tack, tack* üblich ist.

45 Keinen Nummernzettel ziehen In Geschäften, Banken, auf der Post und selbst im Touristenbüro zieht man einen *nummerlapp* und wartet, bis man an der Reihe ist.

46 Restaurantregeln missachten In Restaurants wartet man am Eingang, bis man einen Tisch zugewiesen bekommt. Nicht üblich ist, dass bei einer Gruppe mit jedem Einzelnen abgerechnet wird.

47 Alkohol in der Öffentlichkeit trinken Alkohol gibt es ausschließlich in den Systembolaget-Läden und in Betrieben mit Schanklizenz. Wer in der Öffentlichkeit Alkohol trinkt, kann mit einem Bußgeld belegt werden.

48 Rauchen in der Öffentlichkeit In Schweden herrscht fast überall Rauchverbot: an öffentlichen Plätzen, in Gebäuden, an den Bushaltestellen und in Restaurants. Auch Hotels sind komplett rauchfrei.

49 Zu schnell fahren In Schweden hält man sich meist akkurat an die zugelassene Höchstgeschwindigkeit. Wer es nicht tut, zahlt hohe Bußgelder. Ähnliches gilt für Falschparken.

50 Mit Schuhen ins Haus Jeder, der ein schwedisches Haus betritt, zieht die Schuhe aus. Dies gilt auch für Handwerker. Und selbst in manchen Nationalpark-Besucherzentren heißt es: Bitte Schuhe aus!

Der historische Marktplatz
Stortorget von 1540 in Malmö

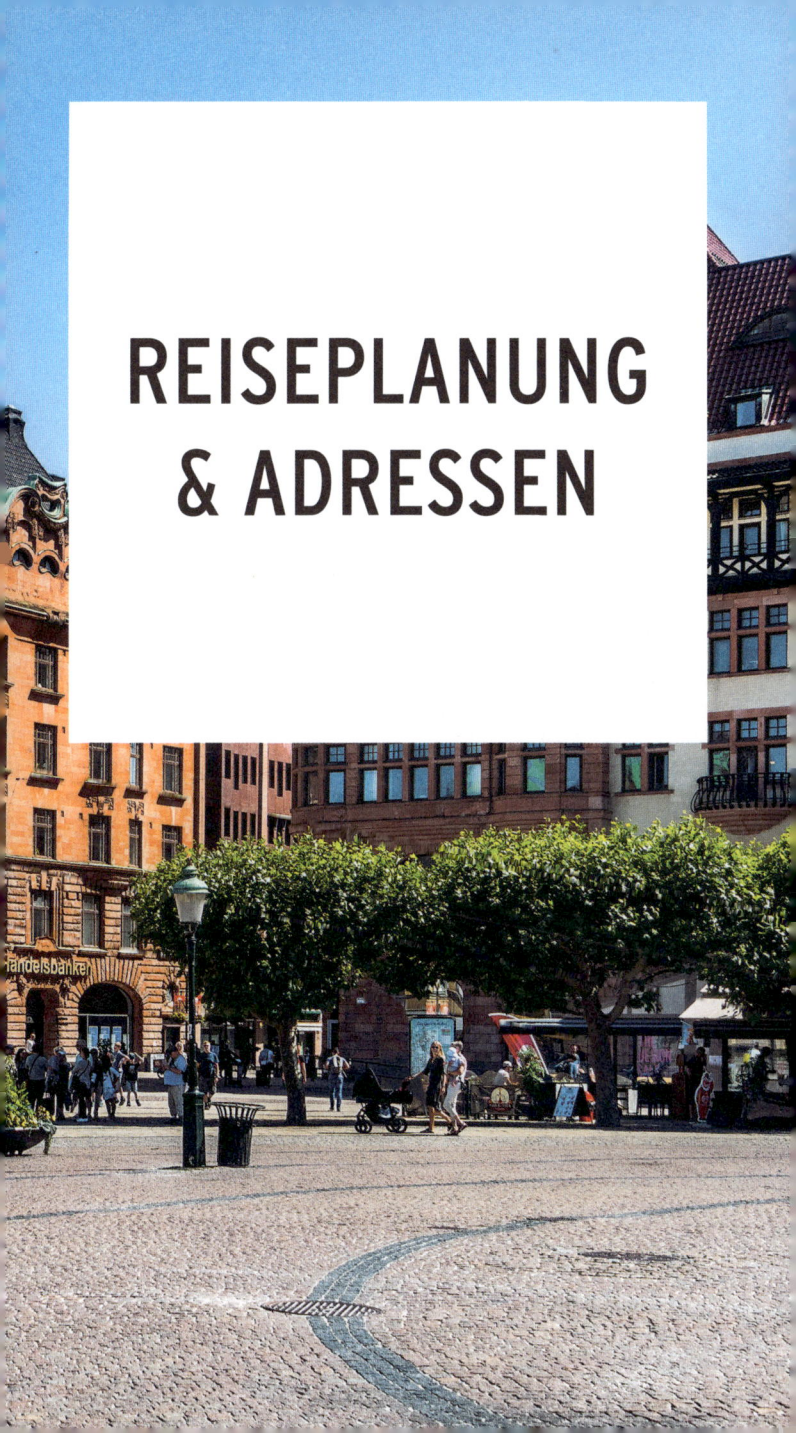

REISEPLANUNG
& ADRESSEN

DIE REISEREGION IM ÜBERBLICK

Stockholm liegt rund 650 km nördlich vom Fährhafen Trelleborg entfernt und zählt trotzdem noch zu Südschweden. Schließlich ist es von der Hauptstadt Schwedens bis zur finnischen Grenze ganz im Norden noch einmal doppelt so weit.

Aus der Perspektive der Nordschweden ist das südliche Drittel des Landes dicht besiedelt, schließlich leben hier etwa 85 % der Schweden. Aus Sicht eines mitteleuropäischen Urlaubers erscheint aber selbst dieser Teil des Landes dünn besiedelt. Die großen Wälder in Småland, die einsamen Flusstäler in Dalsland und Värmland und die Binnenmeere Vänern und Vättern schaffen ein Gefühl von Weite und Einsamkeit, das Schweden zu einem ganz speziellen Reiseziel macht.

Der Unterschied zu den Nachbarn Norwegen und Finnland, aber auch zum Norden des eigenen Landes, ist die ausgeprägte Kulturlandschaft. Die südlichste Provinz Skåne wartet mit einer Vielzahl an Schlössern auf, die sie ihrer Jahrhunderte währenden Zugehörigkeit zu Dänemark und der Nähe zu Kopenhagen verdankt. Skåne, Småland, Bohuslän: Die alten Namen der Provinzen sind in Schweden immer noch tief verankert. Die Schweden sprechen aber nicht von Provinzen, sondern von Landschaften. Diese haben mit den aktuellen politischen Strukturen der *län* genannten Regierungsbezirke kaum etwas zu tun. Småland teilt sich auf drei *läns* auf, während das *län* »Westschweden« gleich mehrere Landschaften, etwa Bohuslän sowie Dalsland, geschluckt hat.

Im Tourismus spielen die alten identitätsstiftenden Landschaftsnamen immer noch eine große Rolle. Die südlichste Landschaft **Skåne** z. B. ist geprägt durch Landwirtschaft, Fischfang und ihre dänische Vergangenheit, wobei die lebendige Großstadt **Malmö** einen reizvollen Kontrast zum ländlichen Idyll bildet. Der ausgeprägte, breite Dialekt und das Wissen um die historische Sonderstellung machen die Einwohner Skånes zu den Bayern Schwedens. Das angrenzende **Småland** hingegen war lange das Armenhaus Schwedens. Dass Småland in der Welt heute ein so positives Image hat, verdankt es zu großen Teilen Astrid Lindgren und ihren Geschichten von Michel aus Lönneberga und den Kindern aus Bullerbü. Aber auch der 1943 von Ingvar Kamprad im småländischen Älmhult gegründete heutige Weltkonzern IKEA ist in vielerlei Hinsicht ein Småland-Botschafter.

Entlang der **Westküste** locken die langen Sandstrände von Halland mit einer der Nordseeküste ähnlichen Dünenlandschaft, die einen bis **Göteborg** begleiten. Die zweitgrößte Stadt des Landes verdient u. a. wegen ihrer Museen und ihres Hafens einen längeren Aufenthalt. In Bohuslän nordwestlich von Göteborg wandelt sich dann das Bild der Küste, das hier von Tausenden

Die Hafenstadt Göteborg an der Westküste ist geprägt von Kanälen und Brücken

von Schären bestimmt wird. Im Landesinneren schließt sich der waldreiche Westen an. **Dalsland** und **Värmland** durchziehen immer tiefer werdende Wälder, die von langen Tälern unterbrochen werden. Oft ist es schwer zu erkennen, ob darin ein Fluss fließt oder ein stiller See liegt, denn viele Seen sind in diesem Landesteil lang und schmal. Ganz anders verhält es sich mit dem **Vänern**; der größte See des Landes hat fast meerartigen Charakter und sogar eine eigene Schärenlandschaft. Die natürlichen Gewässer verband man mittels Kanälen zu Transportwegen. Vom Vänern gelangt man über den Dalsland-Kanal nach Norwegen, und auch der Göta-Kanal, der berühmteste Kanal des Landes, der im 19. Jh. erstmals eine Inlandsverbindung per Schiff zwischen Stockholm und Göteborg gewährleistete, bezieht den See mit ein. Heute werden die historischen Wasserstraßen hauptsächlich von Freizeitbooten genutzt.

Folgt man dem Göta-Kanal in Richtung Osten, erreicht man das Land der Svear, des altschwedischen Volkes. Die **Regionen um den See Mälaren** haben mit ihren Bodenschätzen zum Reichtum des Landes beigetragen; und nirgendwo sonst in Skandinavien gibt es mehr Schlösser und Herrenhöfe als im Umland von Stockholm. Schlösser sind dann lediglich ein Punkt auf der langen Liste mit Gründen für einen ausgedehnten Besuch der Hauptstadt **Stockholm.** Sie bietet durch ihre einmalige Lage auch gute Erholungsmöglichkeiten. Den Entspannungsfaktor kann man bei einem Urlaub auf den Ostseeinseln **Gotland** oder **Öland** noch einmal erhöhen, wo Einsamkeit, Natur und Strände locken.

KLIMA & REISEZEIT

Wenn jenseits des Polarkreises die Sonne gar nicht mehr untergeht und selbst im Süden Schwedens nur kurze Dämmerstunden die Tage trennen, dann ist Sommer.

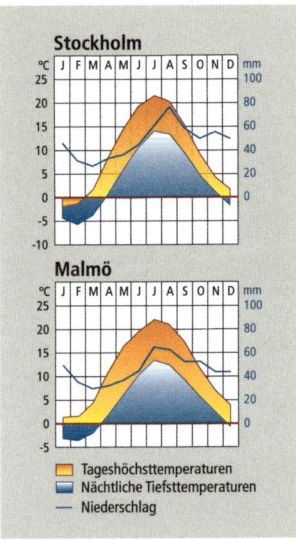

Tageshöchsttemperaturen
Nächtliche Tiefsttemperaturen
Niederschlag

Von den Schweden macht, wer irgendwie kann, dann vier Wochen Urlaub am Stück. Raus aufs Land oder an die Küste und den Sommer genießen! Schon ab Mitte Mai sind die Abende wunderbar lange hell. Warm bleibt's bis in den September hinein. Der Golfstrom sorgt für ein allgemein mildes Klima. Häufig gelangt Südschweden unter kontinentalen, osteuropäischen Hochdruckeinfluss, dann sind die Tage im Sommer sehr warm und trocken, im Winter knackig kalt. Generell muss im Verlauf von 24 Std. mit stark schwankenden Temperaturen gerechnet werden. Die Sommernächte sind eher kühl. Auch der Winter hat seine Reize: Im Januar und Februar sind Langlauftouren auf Schlittschuhen über die zugefrorenen Seen, auf dem Göta-Kanal und über das Eis zwischen den Stockholmer Schären Volkssport. Ab Mitte November locken stimmungsvolle Weihnachtsmärkte auf dem Land wie in den Städten. Zu jeder Jahreszeit lohnt ein Besuch in Stockholm, Göteborg und Malmö.

ANREISE

MIT DEM AUTO

Ohne Wasserüberquerung kommt man nicht nach Schweden. Direkte Fährverbindungen mit mehreren Abfahrten täglich von Deutschland sind:

- **Sassnitz** (Rügen)–**Trelleborg**: Stena Line (www.stenaline.de), Fahrzeit 4–5 Std.
- **Rostock–Trelleborg**: TT-Line (www.ttline.com) und Stena Line, Fahrzeit ca. 6 Std.

- **Travemünde–Trelleborg:** TT-Line, Fahrzeit 8–10 Std.
- **Travemünde–Malmö:** Finnlines (www.finnlines.com), Fahrzeit ca. 9 Std.
- **Kiel–Göteborg:** Stena Line, Fahrzeit ca. 12 Std., nur über Nacht
  > mehr S. 14 Punkt **15** und > mehr S. 17 Punkt **36**

Wer die Seereise kurz halten möchte, wählt die sogenannte **Vogelflug-linie** durch Dänemark. Sie besteht aus einer 45-minütigen Fährpassage (Scandlines) zwischen Puttgarden (Fehmarn) und Rødby (Dänemark) und überquert alle übrigen Sunde auf Brücken. Kostenpflichtig ist die feste Tunnel-Brücken-Verbindung über den Öresund zwischen Kopenhagen und Malmö (www.oresundsbron.com).

FLUGZEUG

Neben der skandinavischen Traditionsairline SAS und ihren Partnern Lufthansa und Austrian Airlines sorgen auch Ryanair, Eurowings und Norwegian für zahlreiche direkte Flugverbindungen zwischen Deutschland bzw. Österreich und Schweiz mit Schweden. Zielflughäfen sind dabei die großen **internationalen Airports** Stockholm-Arlanda (ARN) und Göteborg (GOT) sowie die **Regionalflughäfen** Skavsta (NYO) bei Nyköping im Süden von Stockholm und der Småland-Airport (VXO) bei Växjö. Weil Billigfluglinien häufig Routen und Preise ändern, ist ein Blick ins Internet zu empfehlen. Für die Fluganreise nach Südschweden ist der **Airport von Kopenhagen** (CPH) mit seiner guten Zuganbindung nach Malmö und Südschweden eine Alternative.

BAHN

Per Bahn reist man via Kopenhagen (Direktzug ab Paris und Hamburg). Von dort aus geht es weiter mit dem Pendelzug über die Öresundbrücke nach Malmö oder mit dem Hochgeschwindigkeitszug X2000, der in Malmö,

Zwischen Norddeutschland und Südschweden gibt es gute Fährverbindungen

Alvesta, Nässjö, Linköping und Norrköping stoppt. An allen fünf Bahnhöfen hat man gute Anschlüsse per Bahn und Bus ins Hinterland. Von Berlin verkehrt im Sommer dreimal wöchentlich der **Berlin Night Express** (jeweils Berlin–Malmö und Malmö–Berlin) mit bequemen Schlaf- und Liegewagen in knapp 10 Std. nach Malmö (www.interrail.eu). Wer die Bahn nur für die An- oder Abreise nach Südschweden nutzten möchte, fährt u. U. besonders günstig mit dem **Supersparpreis Europa** der Deutschen Bahn. Die einfache Fahrt vonHamburg nach Stockholm (oder zu jedem anderen an der Strecke liegenden Ort) ist damit schon ab 39,90 € zu haben (www.bahn.de).

REISEN IN SÜDSCHWEDEN

MIT FLUGZEUG, BUS UND BAHN

Fliegen ist in Schweden seit Jahrzehnten die selbstverständlichste Art, die teilweise großen Distanzen zu überwinden. Das innerschwedische Linienflugnetz verbindet 41 Flughäfen miteinander (www.flygtorget.se, nur auf Schwedisch). Anbieter innerschwedischer Flüge sind neben SAS (www.fly sas.com) auch die Airlines BRA (www.flygbra.se), Norwegian (www.norwe gian.com) und Direktflyg (www.direktflyg.com).

Im Vergleich zum sehr dünn besiedelten Norden verfügt Südschweden über ein verhältnismäßig dichtes Netz an **Bus- und Bahn-Verbindungen**. Das Reiseportal Samtrafiken bietet über seinen »Resrobot« Fahrplanauskünfte auch auf Deutsch für öffentliche Verkehrsmittel der meisten regionalen und privaten Anbieter in Schweden (reseplanerare.resrobot.se). Für viele Verkehrsmittel können auch Tickets über das Portal gekauft werden. Mit dem Interrail-Ticket für Europa und dem Interrail One Country Pass der DB kann man Schweden günstig mit dem Zug bereisen. Den Pass gibt es mit einer Gültigkeitsdauer für drei, vier, sechs oder acht Tage innerhalb eines Monats (8-Tage-Pass ab 243 € für Jugendliche, ab 281 € für Erwachsene; www.interrail.eu).

ALS SELBSTFAHRER

Schweden hat ein gut ausgebautes Straßennetz. Viele Tankstellen haben Zapfautomaten, für die man eine Kreditkarte mit PIN braucht. Maestrokarten mit PIN können meist nicht eingesetzt werden.

Verkehrsregeln: Auch tagsüber muss man in Schweden mit Abblendlicht fahren. Auto- und Motorradfahrer müssen nur den nationalen Führerschein und die Zulassungsbescheinigung mitführen; die Grüne Versicherungskarte ist zu empfehlen. Wer mehr als 0,2 Promille Alkohol hat, riskiert hohe Strafen! Übliche Tempolimits sind: 110 km/h auf Autobahnen, 70 bis 90 km/h auf Landstraßen, 50 km/h in Orten.

DER TRÄUMER VON GOTLAND

»Kutens territory« mit Autowracks, Kühlschränken, Rock 'n' Roll, Crêpes und Galettes

Manche würden Thomas Lindholm als Spinner bezeichnen. Für andere ist der 71-Jährige einer, der eine Traumwelt geschaffen hat, eine Welt, die besser ist als unsere. In Gotland ist Kuten, wie er sich nennt, ein Unikum, das auf der ganzen Insel bekannt ist. Schon als Kind habe er gespürt, dass er anders ist, erklärt Kuten. »Ich habe bald gemerkt, dass ich in meiner eigenen Welt lebe«, sagt er und lächelt leicht: »Aber für mich war sie real.« In der Schule war Kuten ein Außenseiter. Die Mitschüler zeigten mit dem Finger auf ihn, die Lehrer versuchten, ihn zu brechen. »Ich habe nur überlebt, weil ich meine eigene Welt hatte«, erzählt der Mann mit den langen grauen Haaren und dem dünnen Bart.

Heute stehen vor Kutens Anwesen – er bezeichnet es als »the territory« – Dutzende rostiger alter Autos, Autos die er »gerettet« hat.

Für Kuten sind Oldtimer so etwas wie lebende Wesen, dass sie verschrottet werden könnten, ist für ihn deswegen unvorstellbar. Besonders stolz ist Kuten auf einen Buick Roadmaster, Baujahr 1952. Und das hat einen Grund. Dieser Krankenwagen war nach einem Notruf am frühen Abend des 30. September 1955 mit lautem Sirengeheul auf die Kreuzung der Staatstraßen 41 und 46 in der Nähe der kalifornischen Kleinstadt Cholame zugerast. Kurz nach Sonnenuntergang war dort James Dean in seinem Porsche mit einem anderen Fahrzeug kollidiert und lag tödlich verletzt im Straßengraben. In dem Krankenwagen, der auf »Kutens territory« steht, wurde James Dean aber nicht abtransportiert, denn der 1952er Buick kam »nur« als zweiter am Unfallort an. Doch da das Auto, in dem der Schauspieler tatsächlich ins Krankenhaus

Eingang zur Crêperie Tati bei Kutens Bensin

gebracht wurde, schon lange verschrottet ist, hat der Roadmaster für James-Dean-Fans, wie Kuten selbst, fast schon kultische Bedeutung. Für viele ist er das Ziel einer Pilgerreise.

Kuten, der Träumer, bietet aber nicht nur alten Autos eine neue Heimat. Er hat auch so viele Erinnerungstücke über James Dean, den er seinen Messias nennt, gesammelt, dass er ein Museum eröffnen könnte. Draußen vor dem Haus lagert zudem die vermutlich größte Kühlschranksammlung Schwedens. Er betreibt ein Antiquariat und er veranstaltet in einer umgebauten Scheune Rockkonzerte. Kuten ist ein Mann, der mit seiner Begeisterung andere anstecken kann, und deswegen rockten hier am nördlichen Ende Gotlands schon Stars aus aller Welt. D. J. Fontana, der Drummer von Elvis Presley, stand hier ebenso schon auf der Bühne wie Billy Riley, Jack Baymoore, Huelyn Duvall und Seasick Steve. Und noch immer finden hier Konzerte statt.

Dann stehen hier Rockfans aus dem ganzen Land vor der kleinen Bühne und singen lauthals ihre Lieblingslieder mit. Diese besondere Stimmung ist es, die die Stars nach Gotland lockt, denn viel Geld kann Kuten ihnen für den Auftritt nicht bezahlen. Immerhin hat er für die Stars, die bei ihm auftreten ein gemütliches Bed & Breakfast eingerichtet. Wenn keine Berühmtheiten hier ausruhen, kann man die Zimmer auch buchen.

Und wer weiß, vielleicht macht mit Bob Dylan ja nochmals ein ganz Großer im Norden Gotlands Halt. Ganz so unglaublich, wie es klingt, ist das gar nicht. Ein Musikerfreund hat nämlich schon beim Altmeister angefragt, und der war wohl ziemlich begeistert, als er von dem besonderen schwedischen Ort hörte. Für Kuten wäre dies das Größte, denn für ihn ist Bob Dylan nicht nur einer der bedeutendsten lebenden Sänger, sondern auch die Wiedergeburt von James Dean. Wer jetzt die Stirn runzelt und einwendet, Dylan sei ja schon zehn Jahre nach James Dean geboren und somit hätten beide zur selben Zeit gelebt, hat Kutens Welt noch nicht verstanden.

BEI KUTENS BENSIN ESSEN:

- **Crêperie Tati**
  In der Crêperie, für die Kutens französische Freundin verantwortlich ist, gibt es neben den namensgebenden Crêpes auch legendäre Galettes.
  Fårö Broskogs 1156 | 624 66 Fårö
  www.facebook.com/kutens.bensin
  Mitte Mai–Sept. Mo–Fr 11–21, sonst nur am Wochenende 11–16 Uhr

SPORT & AKTIVITÄTEN

Die weitläufige Naturlandschaft ist für Mitteleuropäer die größte Attraktion Schwedens. Stundenlang unterwegs sein zu können, ohne auch nur in die Nähe größerer Städte zu kommen, ist normal in diesem Land, hat aber für Besucher aus der Mitte des Kontinents fast schon etwas Abenteuerliches.

Generell ist die Natur leicht zugänglich, und alle Aktivitäten sind nach Laune und Fähigkeit gut dosierbar. Man muss kein Outdoor- oder Survival-Spezialist sein, um in den Genuss intensiver Erlebnisse zu kommen.

WANDERN

Über die zahllosen Wandermöglichkeiten auf ausgewiesenen Wegen informieren die regionalen oder örtlichen Touristenbüros.

So gut wie jede Gegend in Südschweden ist per pedes zu erschließen. Übernachtet wird entweder im *vandrarhem*, den Jugendherbergen in ihrer ursprünglichen Funktion als »Wandererheime« (www.svenskaturistforeningen.se), oder in Hotels beziehungsweise auf Campingplätzen.

Mit entsprechender Rücksichtnahme kann man aber auch Gebrauch vom Jedermannsrecht › S. 31 machen und sein Nachtlager in der freien Natur aufschlagen.

RADFAHREN

Auf den wenig befahrenen Straßen macht Fahrradfahren einfach Spaß. Der Radweg *Sverigeleden* durchzieht auf diversen Routen das ganze Land (www.svenska-cykelsallskapet.se, auch deutschsprachige Infos).

Südschwedens Wälder durchziehen auch immer mehr ausgewiesene Mountainbike-Trails

Immer mehr Regionen erhalten gut ausgebaute Streckennetze. Vorreiter sind dabei Skåne, Halland, Bohuslän, Värmland und Gotland. Besonders auf Gotland ist der Verleih von Fahrrädern vorbildlich organisiert. Eine Besonderheit sind Fahrten mit dem Schienenfahrrad, der **Draisine**. In Värmland (www. dvvj.com), Dalsland und Skåne (www.dressincykling.se) gibt es stillgelegte Bahnstrecken von 20 bis 80 km Länge. › mehr S. 12 Punkt ❺

BOOTSSPORT

Schwedens Binnen- und Küstengewässer sind ideal für **Kanu- und Kajaktouren** › S. 96. Praktisch überall gibt es Verleihstellen. Wer mehrere Tage unterwegs sein möchte, sollte beim Kanuverband ein Verzeichnis der autorisierten Zentralen anfordern, die Boote und Ausrüstung für längere Touren vermieten und Tipps für die Routenplanung geben; Infos beim Svenska Kanotförbundet (www.kanot.com).

Südschwedens Küstengewässer sind wie geschaffen für Kajak- und Kanutouren

Ideal für Kanus und Kajaks, aber auch für Motorboote, sind der Dalslands-, der Strömsholms- und der Göta-Kanal. Rarer sind die Möglichkeiten, per **Floß** unterwegs zu sein. Meist werden Pontonflöße verwendet, die man in der Regel selbst zusammenbaut. Beliebt sind die ein- oder auch mehrtägigen Floßfahrten auf dem Klarälven. Auskünfte erteilt:

Vildmark i Värmland 🔖 B1
• Box 209 | 685 25 Torsby
Tel. 05 60/140 40 | www.vildmark.se
> mehr S. 12 Punkt ❼

ANGELN
Angler brauchen in der Regel eine Lizenz *(fiskekort)* für das betreffende Gewässer. Sie ist beim örtlichen Verkehrsamt erhältlich, oft auch in nahe gelegenen Geschäften. Zum Fischen im Meer und in den fünf größten Seen Vänern, Vättern, Mälaren, Hjälmaren und Storsjön hingegen ist eine solche Erlaubnis nicht nötig. Informationen rund ums Angeln in Schweden, Regionen, Plätze,

Fischarten und Vorschriften gibt es unter www.swedenfishing.com

SAND- UND STRANDURLAUB
Von den Tausenden Küstenkilometern sind einige sehr geeignet für Badeurlaub am Sandstrand, nicht nur weil an vielen die Blaue Flagge für gute Wasserqualität weht (www.blueflag.global).

Breite, weiße Traumstrände finden sich an der Südostküste Skånes. Manche Strandabschnitte zwischen Ystad und Simrishamn gelten noch als echte Geheimtipps. Recht beliebt sind die sehr seicht abfallenden und damit kinderfreundlichen Strände von Ölands Westküste. Südlich der Ölandbrücke reihen sich Feriendörfer und Campinganlagen (früh buchen!) aneinander. Sehr zu empfehlen sind auch die Sandstrände um Tofta auf Gotland. Kurze Wege zwischen Unterkunft und Strand gibt es zudem um Halmstadt an Hallands Küste. Die Binnenseen liefern oft Trinkwasser und sind dementsprechend sehr sauber.

📕 **JEDERMANNSRECHT**

Nach dem *allemansrätt* durften früher Kuriere und andere Reisende, die in Schweden unterwegs waren, ihren Weg auch über fremden Grundbesitz fortsetzen, wenn es die Fahrtroute erforderlich machte. Außerdem durften sie ihr Nachtlager überall aufschlagen und ihren Hunger an dem stillen, was die Natur zu bieten hatte. Mit einer Portion gesunden Menschenverstandes dürfte eine Übertragung dieses alten Gewohnheitsrechts auf gegenwärtige Verhältnisse nicht schwer fallen: Wer rücksichtsvoll mit der Natur umgeht, darf sich auch darin aufhalten. Dass man keine Bäume fällt, seinen Abfall mitnimmt und sich nicht häuslich für mehrere Tage an einem Lagerplatz einrichtet, dürfte zu den Selbstverständlichkeiten gehören. Im Zweifelsfall immer für die Umwelt!

UNTERKUNFT

Pensionen und kleine Gasthöfe sind in Schweden bislang eher selten; zu den Grundpfeilern des Angebots zählen Hotels (oft in Ketten zusammengeschlossen), Ferienhäuser und Campingplätze.

HOTELS

Die Preise für Hotelübernachtungen liegen zwischen Mitte Juni und Mitte August wegen ausbleibender Geschäftsreisender wesentlich unter dem Normaltarif. Dann kann man auch in erstklassigen Stadthotels für unter 1500 SEK (ca. 140 €) übernachten. Eine Möglichkeit, relativ günstig zu wohnen, sind Hotelschecks, die bei Reiseveranstaltern oder im Internet bei den Hotelketten direkt gekauft werden können.

Ein gutes Preis-Leistungs-Verhältnis in der gehobenen Preisklasse bieten die rund 40 zum Teil mehrfach ausgezeichneten Countryside Sweden Hotels (www.countryside hotels.se).

FERIENHÄUSER

Ehemalige Katen und Bauernhäuser mit ihrem individuellen Charme werden heute als Ferienhäuser vermietet. Als Klassiker gilt die rote *stuga,* das Holzhaus im Wald und/oder in Seenähe mit weiß angemalten Fenstern und Giebelkanten.

Da sich die Häuser überwiegend in Privatbesitz befinden, variiert der

Ferienhäuser direkt am Wasser sind für viele die perfekte Urlaubsunterkunft

Standard von der Einzimmerhütte bis zum Luxusdomizil. Mieten kann man eine *stuga* sowohl bei den großen Ferienhausanbietern als auch bei den regionalen Touristbüros.

Neben den Vermietern vor Ort empfiehlt sich ein Blick in die Kataloge der großen Ferienhausvermittler wie Novasol (www.novasol.de), Dancenter (www.dancenter.de) oder TUI-Wolters-Reisen (www.tui-ferienhaus.de), die Tausende von Häusern anbieten.

Smålands Turism AB C 4
Die Ferienhausvermittlung verfügt über ein großes Kontingent an Privathäusern, die man auch online buchen kann.
• Box 1027 | 551 11 Jönköping
 Tel. 036/35 12 70
 www.visitsmaland.se

CAMPING

Das direkte Naturerlebnis macht Camping zu einer der beliebtesten Übernachtungsalternativen – nicht nur im Sommer. Meist in schönster Lage sind die Plätze, die dem SCR, dem schwedischen Campingverband, angeschlossen sind. Mit ihrem Hüttenangebot sind viele Anlagen aber auch für Urlauber ohne Zelt oder Wohnmobil interessant.

Zur Nutzung der SCR-Anlagen ist eine Camping-ID (auch vor Ort erhältlich) bzw. die Camping Key Europe erforderlich, die es mittlerweile nur noch digital gibt (die Plastikkarten wurden 2018 abgeschafft). Sie kann für 160 SEK (rund 15 €) online unter buy.campingkeyeurope.se gekauft werden (www.camping.se, www.scr.se).

👍 DIE SCHÖNSTEN HOTELS

• Oberhalb des Fischerhafens des pittoresken Arild auf der Halbinsel Kullen liegt das **Hotel Rusthållargården** mit mehreren, am Hang verteilten Villen. Das Restaurant pflegt die kulinarischen Traditionen Schonens. › S. 66
• Im **Scandic** in Värnamo haben Größen des schwedischen Möbeldesigns die Suiten eingerichtet. › S. 80
• **Sikfors Herrgård** liegt unweit von Schwedens Gourmetmekka Grythyttan. Die Zimmer des schönen Herrenhofs genießt man vor wie nach dem Essen. › S. 112
• Ein Muss für Romantiker: Von **Gripsholms Värdshus** hat man einen herrlichen Blick auf Schloss Gripsholm. Das Restaurant hat Gourmetniveau – mit entsprechenden Preisen. › S. 121
• Urban, innovativ, cool und zentral: Das **Hotel Nordic Light** ist perfekt für den Stockholm-Städtetrip. › S. 136
• Das **August Strindberg Hotell** B 1 ist klein, aber fein. In dem Ende des 19. Jhs. erbauten Hotel kann man v. a. eins: sich wohlfühlen. Tegnergatan 38 | Stockholm Tel. 08 32 50 06 www.hotellstrindberg.se
• Das **Tofta Strandpensionat** auf Gotland liegt am Strand direkt an den Dünen, und der Preis stimmt auch. In den schlichten Zimmern schläft man gut. › S. 145

Elchbullen können bis zu 2 m groß
und bis zu 700 kg schwer werden

LAND & LEUTE

STECKBRIEF

- **Fläche:** 449 964 km², davon ca. 9 % Wasser
- **Größte Seen:**
  Vänern (5585 km²),
  Vättern (1912 km²),
  Mälaren (1140 km²)
- **Bevölkerung:** 10,28 Mio. bei durchschnittlich 23 Einw./km², davon leben ca. 85 % in Südschweden; Stadt-/Landverteilung: 83 % zu 27 %; Bevölkerungswachstum ca. 0,2 % p. a.
- **Bevölkerungsreichste Gebiete:** Großraum Stockholm: ca. 2,35 Mio., Öresundregion um Malmö/Helsingborg und Großraum Göteborg: je 800 000

- **Landesvorwahl:** 00 46
- **Währung:** Schwedische Krone (SEK)
- **Zeitzone:** MEZ

LAGE

Auf zwei Seiten von Nord- und Ostsee umgeben, bildet Südschweden den südlichsten Zipfel der Skandinavischen Halbinsel. In nördlicher Richtung reicht der Landesteil etwa bis zur Linie Stockholm–Oslo. Dieses Gebiet macht etwa ein Drittel der Fläche des ganzen Landes aus.

POLITIK UND VERWALTUNG

Schweden ist eine konstitutionelle Monarchie mit parlamentarischer Regierungsform. Das Staatsoberhaupt, König Carl XVI. Gustaf, erfüllt nur repräsentative Aufgaben. Alle vier Jahre werden die Abgeordneten des Parlaments, des Reichstags, gewählt. Bei den Wahlen 2014 löste eine rot-grüne Minderheitsregierung die konservative Koalition ab; sie wurde 2018 wiedergewählt. Die öffentliche Hand trägt die schwedischen Sozialleistungen in den Bereichen Bildung, Erziehung, Kranken- und Altenpflege sowie Umweltschutz. Arbeitsmarkt- und wirtschaftspolitische Maßnahmen werden ebenfalls aus Steuereinnahmen finanziert.

Schwedens Beitritt zur EU 1995 zielte auf eine wirtschaftliche Integration des Exportlandes in starke Wirtschaftsbündnisse. Gleichzeitig sieht man sich als aktiven Mittler zwischen Ost- und Mitteleuropa. 2003 votierte die Bevölkerung gegen die Einführung des Euros, während sie die EU-Erweiterungen seit 2004 mehrheitlich begrüßte. Großer Wert wird weiterhin auf militärische Souveränität gelegt.

WIRTSCHAFT

Schwedens Naturreichtümer sind seine Wälder, die mehr als 50 % des

Landes bedecken, Wasserkraft und Eisenerz. Die großflächigen Baumbestände waren einst das Fundament der Wirtschaftsentwicklung und sorgen heute als Basis der Forstwirtschaft, der Zellstoff- und Papierproduktion und der Holz verarbeitenden Industrie für 11 % der gesamten industriellen Wertschöpfung. Schweden ist das weltweit drittgrößte Exportland für Zellstoff und Papier. Die Förderung von Erzen konzentriert sich heute in Nordschweden. Noch im 19. Jh. war die Region Bergslagen zwischen Värmland und Uppland eine Art schwedisches Ruhrgebiet.

Neue Techniken und die nahezu unbegrenzten Ressourcen an Wasserkraft und Holz als Energielieferanten ermöglichten am Anfang des 20. Jhs. innerhalb weniger Jahrzehnte den Wandel vom Agrarstaat in einen Industriestaat. Heute arbeiten nur noch rund 3 % der Erwerbstätigen in der Landwirtschaft; gleichzeitig versorgt sich Schweden landwirtschaftlich zu fast 80 % selbst.

Neben der exportorientierten Metall und Holz verarbeitenden Industrie ist die schwedische Pharmaindustrie aufgestiegen in die Riege der Global Player. Dazu zählen der Papier- und Zellulosegigant Svenska Cellulosa sowie Astra und Pharmacia. Ehemals rein schwedische Großunternehmen sind heute in internationalen Konzernen integriert, etwa die erfolgreiche Unternehmensgruppe ABB (Energie- und Automatisierungstechnik) oder auch Sony Mobile (Kommunikationstechnik), einst Sony Ericsson.

Die bekannten Automarken Volvo und Saab litten unter der globalen Wirtschaftskrise und den Problemen ihres US-Mutterkonzerns (Ford beziehungsweise General Motors). Die Pkw-Sparte von Volvo wurde 2010 an den chinesischen Konzern Geely verkauft, der ebenfalls chinesische Eigner von National Electric Vehicle Sweden (NEVS) versuchte der Marke Saab seit 2012 wieder mehr Leben einzuhauchen. Seit 2014 darf NEVS den Markennamen Saab nicht mehr nutzen und produziert seine Elektroautos nun unter eigenem Namen.

Obgleich auch in Schweden die Exportindustrie das Zugpferd der Konjunktur ist, steht der Dienstleistungssektor für zwei Drittel aller Arbeitsplätze. Knapp die Hälfte der Bevölkerung ist erwerbstätig. Dies ist u. a. die positive Auswirkung einer seit Langem betriebenen Familien- und Gleichstellungspolitik, die es drei Vierteln aller Frauen ermöglicht, beruflich tätig zu sein.

Ein bedeutender Wirtschaftsfaktor Schwedens ist der Waldreichtum

GESCHICHTE IM ÜBERBLICK

1500–500 v. Chr. Von einer hochstehenden Kultur zeugen Grabhügel, Funde von Schmuck und Schilden sowie Felszeichnungen.

6. Jh. n. Chr. Es wird Ackerbau betrieben. Die Svear übernehmen eine führende Rolle unter den Stämmen.

Ab 800 Die ostschwedischen Wikinger dehnen ihr Handelsreich von Birka und Gotland weit nach Osten aus. Bis tief nach Russland, an das Schwarze Meer und bis Byzanz reichen ihre Beziehungen.

830 Als erster christlicher Missionar in Schweden predigt der Bremer Benediktinermönch Ansgar in Birka. Doch fasst das Christentum erst Ende des 10. Jhs. richtig Fuß.

1164 Schweden wird Erzbistum. Die Kreuzzüge gen Osten haben im 13. Jh. zur Folge, dass Finnland Teil des Schwedischen Reiches wird.

13.–16. Jh. Das Gebiet um Kalmar sowie die Inseln Öland und Gotland schließen sich dem deutschen Hansebund an. Bis ins 16. Jh. dominiert der Städteverband.

1397 Auch die Vereinigung der drei Königreiche Dänemark, Norwegen und Schweden unter der dänischen Königin Margarete I. in der Kalmarer Union kann de facto nichts an der deutschen Dominanz ändern.

1518–1523 Dänenkönig Christian II. wird nach einer als Stockholmer Blutbad (1520) bekannten Machtdemonstration zum König über Schweden gekrönt, doch gelingt dem oppositionellen Hochadligen Gustav Vasa der Aufstand. 1521 wird Vasa Reichsverweser und am 6. Juni 1523 zum König von Schweden (bis 1560) gewählt.

Ab 1611 Unter Gustav II. Adolf erstarkt das Land zur Großmacht.

1805–1814 Schweden wird in Kriege auf dem Kontinent verwickelt, 1809 muss es Finnland an Russland abtreten, 1814 bildet es mit Norwegen eine Union.

1850–1920 Hungersnöte zwingen 1 Mio. Schweden auszuwandern. Es werden bahnbrechende Erfindungen gemacht, die wie das Dynamit von Nobel später zu Exportschlagern werden.

Ab 1914 Dezidiert militärpolitische Neutralität.

1920 Unter sozialdemokratischen Regierungen beginnt der Aufbau des Wohlfahrtsstaats.

1939–1945 Schweden verfolgt während des Zweiten Weltkriegs eine Neutralitätspolitik, um nicht in den Krieg gezogen zu werden.

1976 Am 19. Juni heiratet König Carl XVI. Gustaf die Deutsche Silvia Sommerlath, von nun an Königin Silvia von Schweden.

1986 Der Mord am sozialdemokratischen Ministerpräsidenten Olof Palme erschüttert das Land.

1995 Schweden tritt der EU bei.

2000 Eröffnung der Öresundverbindung Malmö–Kopenhagen.

2003 Tödliches Attentat auf die Außenministerin Anna Lindh am 11. September in Stockholm.

2005 Das Parlament verschiebt die Ratifizierung der EU-Verfassung.
2008 Der Reichstag stimmt für den EU-Vertrag von Lissabon.
2010 Das bürgerlich-konservative Bündnis »Allianz für Schweden« gewinnt die Parlamentswahlen, verfehlt aber die absolute Mehrheit.
2012 Nachdem Kronprinzessin Victoria 2010 Daniel Westling geheiratet hatte, kommt am 23. Februar Prinzessin Estelle zur Welt.
2014 Bei den Parlamentswahlen im Oktober wird das konservative Zwischenspiel durch eine rot-grüne Minderheitsregierung beendet.
2015 Prinz Carl Philip und Sofia Hellqvist heiraten am 13. Juni in Stockholm.
2016 Papst Franziskus feiert den Reformationstag in Schweden – als Zeichen der Ökumene.
2017 Am 31. August wird das zweite Kind von Prinz Carl Philip und Prinzessin Sofia geboren: Der Junge heißt Gabriel Carl Walther.

Das Nobel Museum in Stockholm zeichnet u.a. das Leben Alfred Nobels nach

2018 Ingvar Kamprad, Gründer des schwedischen Möbelkonzerns IKEA, stirbt am 27. Januar mit 91 Jahren. Skandale in der Schwedischen Akademie führen dazu, dass 2018 erstmals kein Literaturnobelpreis vergeben wird.
2019 Außenministerin Margot Wallström wird am 21. Januar für eine zweite Amtszeit wiederernannt.

NATUR & UMWELT

Aus mitteleuropäischer Sicht ist Südschweden der nahe Norden. Dort, keine 400 km von Hamburg oder Berlin entfernt, trifft man auf skandinavische Charakteristika wie Wälder und verzweigte Flusssysteme, weite Naturlandschaften und helle nordische Sommernächte.

Zehntausende von Seen bedecken das Land. Sanft gewellte Hügel (selten über 300 m) sind typisch für die Landschaft Südschwedens, die von der letzten Eiszeit modelliert wurde. Blank polierte runde Granitfelsen und buckelige Inseln und Inselchen prägen besonders die Westküste. Als ihre Riviera bezeichnen die Schweden gern die weißen Sandstrände im Süden und Südwesten. Im Osten reichen die nordischen Nadelwälder bis an die Küste und bedecken auch die vorgelagerten Inseln. Diese verdichten sich bei Stockholm zum Reich der rund 30 000 Schären.

Die sonnenverwöhnten Kalksteininseln Öland und Gotland in der Ostsee mit ihren Wacholderwäldern und Orchideenheiden werden ebenfalls Südschweden zugerechnet.

DIE NATUR IST KULTURLAND

Auf den eher mageren Sedimenten und Geröllablagerungen des Nordens wächst seit Jahrtausenden Nadelwald, der zu großen Teilen aus Fichten und Kiefern besteht. Dagegen sind der südlichste Landesteil Schwedens, die Provinz Skåne, und die Ebenen von Öster- und Västergötland beiderseits des Vättersees fruchtbarer und werden landwirtschaftlich intensiv genutzt. Hier findet man auch Mischwälder von nennenswerter Größe.

Schon im Mittelalter wurden die riesigen Waldflächen Schwedens zur Gewinnung u. a. von Holzteer, Holzkohle und Bauholz genutzt, heute werden sie fast flächendeckend bewirtschaftet. Die Attraktivität der scheinbar endlosen Wälder mit ihren idealen Kanurevieren, weitverzweigten Wanderwegen und den abgeschieden gelegenen, idyllischen Ferienhäusern an Bächen und Seen ist ein Ergebnis ihrer jahrhundertelangen Nutzung. Durch sie allein ist die Natur so gut zugänglich geworden. Heute ist es das Bestreben der Verantwortlichen, eine nachhaltige Forstwirtschaft zu betreiben, die zugleich für den Erhalt der biologischen Vielfalt sorgt.

Möglichst ohne menschliches Einwirken existiert die Natur in den etwa 4000 Reservaten. Die insgesamt 30 Nationalparks – davon liegen 15 im süd-

Der westliche Archipel besteht aus 8000 Inseln und Felsen

lichen Schweden – umfassen besondere Landschaftsformen samt deren Fauna und Flora oder Naturphänomenen. Für jeden Park existieren Bestimmungen, die dort den Aufenthalt von Besuchern regeln. Das sogenannte Jedermannsrecht › S. 31 gilt in den Nationalparks beispielsweise nicht (sve rigesnationalparker.se, www.naturvardsverket.se).

ELCH & CO.

Zu den bleibenden Eindrücken einer Schwedenreise gehört die Begegnung mit dem »König der Wälder« – dem Elch. Gesichtet wird er meist nur in der Morgen- und Abenddämmerung und vor allem im Herbst. Verkehrsschilder warnen vor Elchen, und diese Warnungen müssen auch tagsüber ernst genommen werden. Zusammenstöße mit den schweren Tieren enden in der Regel mit einem Totalschaden am Fahrzeug — oder noch schlimmer. Wussten Sie, das Elche auch gute Schwimmer sind und sogar tauchen können?

Ansonsten leben in den schwedischen Wäldern und Gewässern Tiere, die man auch im mitteleuropäischen Raum findet. Aufgrund der dünnen Besiedlung kann sich die Fauna jedoch viel besser entfalten, und die Bestände sind dementsprechend reich. Die weite Landschaft bietet ideale Lebensbedingungen für Rotwild, Biber und Hase. Besonders artenreich ist die Vogelwelt. In der Dämmerung jagen viele verschiedene Eulenarten, und häufig stelzen Störche und Kraniche über Moore und Wiesen.

DIE MENSCHEN

AUS- UND EINWANDERUNGSLAND

Seit Jahrhunderten prägen starke Ein- und Auswanderungsströme die Bevölkerungsentwicklung. So kamen im 15. Jh. Siedler aus dem benachbarten Finnland, im 16. Jh. folgten böhmische Glasbläser, und im 17. Jh. ermunterte die Monarchie belgische Schmiede, die Wallonen, zum Zuzug.

Zu Beginn des 20. Jhs. jedoch sah die Situation ganz anders aus: Über 1 Mio. Schweden, ein Viertel der damaligen Bevölkerung, verließ Ende des 19. Jhs. das von Hungersnöten geplagte, an der Schwelle zur Industrialisierung stehende, arme Bauernland. Besonders aus dem Süden Schwedens brachen viele auf, um sich in Nordamerika eine neue Existenz aufzubauen.

Die Völkerwanderung des 20. Jhs., bedingt durch Weltkriege, die Industriearbeitermigration und die vielen regionalen Konflikte rund um den Erdball haben auch Schweden zum Einwanderungsland gemacht. Finnen, Norweger, Dänen und die Nachbarn aus dem Baltikum flohen im Zweiten Weltkrieg in das neutrale Schweden. Ungarn, Österreicher, Deutsche und Niederländer kamen als erste Gastarbeiter in den 1950er-Jahren, gefolgt von Italienern, Griechen und Türken. Aus Südamerika, Vietnam, aus dem Nahen und Mittleren Osten sowie aus dem ehemaligen Jugoslawien flüchteten die Menschen in den letzten Jahrzehnten zu Hunderttausenden nach Schweden – pro Kopf hat kein EU-Staat mehr Flüchtlinge aufgenommen als dieses Land. Nach der Wiedereinführung von Grenzkontrollen ist der Zustrom neuer Flüchtlinge merklich zurückgegangen.

Den Zuzüglern der letzten Jahrzehnte begegneten die Schweden in der Regel wohlwollend. Trotzdem haben sich Schweden und der schwedische Wohlfahrtsstaat verändert, und die Bekämpfung von Rechtsradikalismus sowie Ausländerfeindlichkeit stehen immer häufiger auf der politischen Tagesordnung des Landes.

RELIGIONSVIELFALT

In Schweden gehört ein großer Teil der Bevölkerung der evangelisch-lutherischen Glaubensgemeinschaft an. Seit dem Jahr 2000 ist die Lutherisch-Schwedische Kirche aber nicht mehr Staatskirche. Nicht zuletzt wurde damit auch der Wandlung Schwedens zur multikulturellen und multireligiösen Gesellschaft Rechnung getragen. Überhaupt ist der Lebensstil in Schweden stark weltlich geprägt.

TRADITION UND INNOVATION

Schweden hat eine hochmoderne Gesellschaft, die ihren europäischen Nachbarn in vielem voraus ist, etwa bei der Gleichstellung der Geschlechter. Häufiger als in Mitteleuropa findet man zum Beispiel Frauen in Führungspositionen, die sie mit großer Selbstverständlichkeit bekleiden. Nichteheliche Partnerschaften sind Ehen bereits seit 1987 vermögens- und steuerrechtlich gleichgestellt. Seit dem Jahr 2009 sind Ehen gleichgeschlechtlicher Partner möglich.

Nachdem sich das Modell des sozialen Wohlfahrtsstaates Anfang der 1990er-Jahre als kaum mehr finanzierbar herausgestellt hatte, wurden das staatliche Gesundheitssystem und die öffentliche Verwaltung tiefgreifend umstrukturiert.

Für technische Innovationen – vor allem die im eigenen Land entwickelten – sind die Menschen im Allgemeinen sehr empfänglich. Mobiltelefone begannen schon Ende der 1980er-Jahre ihren Siegeszug bei der Bevölkerung, und kaum ein Haushalt in Schweden ist heute ohne Breitbandanschluss – Schweden ist in Europa führend in der IT-Anwendung.

Gleichzeitig ist man in Schweden durchaus traditionsbewusst und heimatverbunden. Die Zugehörigkeit zur Heimatprovinz spielt eine wichtige Rolle für die Identität, selbst wenn man seit Jahrzehnten nicht mehr dort lebt. Außerdem ist man stolz darauf, Schwede zu sein. Die Nationalflagge und blau-gelbe Dekorationen sind Zeichen besonderer Festlichkeit und nicht nur offiziellen Feiertagen vorbehalten. Auch zu privaten Anlässen wird gern mit Flaggen geschmückt.

KUNST & KULTUR

FRÜHE ARTEFAKTE

Vor rund 3000 Jahren bedeckten Menschen an der Westküste und in der heutigen Provinz Östergötland ganze Felswände mit geheimnisvollen Symbolen und figürlichen Darstellungen. Die Felsritzungen bei Tanumshede wurden von der UNESCO als Weltkulturerbe klassifiziert. Ähnlich fantasieanregend sind die Bildsteine aus der Vendelzeit (6.–9. Jh.). Zwischen dem 6. und 8. Jh. pflegten vor allem die reichen Stämme Gotlands rege Handelsbeziehungen mit dem Osten. Davon legen die dortigen Bildsteine anschaulich Zeugnis ab. Schriftliche Botschaften wurden im Runenalphabet Futhark verfasst, von dem es eine ältere Variante gibt, die schon um Christi Geburt nachgewiesen ist, sowie eine jüngere, die zur Wikingerzeit benutzt wurde. Elemente der nordischen Mythologie aus der Zeit der Wikinger sind bis heute als Motive in Kunst und Kunsthandwerk beliebt.

MALEREI UND DESIGN

Fast alle schwedischen Maler fanden ihre künstlerische Inspiration im Ausland. Dort wie zu Hause galt ihr Interesse hauptsächlich der Natur. Die Werke von Künstlern wie **Anders Zorn, Bruno Liljefors, Prinz Eugen** oder **Isaac Grünewald** und **Nils Dardel** finden sich in den Museen von Stockholm, Göteborg, Malmö oder Norrköping.

Der als Beschwörer der Idylle heute oft missverstandene Maler **Carl Larsson** (1853–1919) war eigentlich Visionär und Streiter für eine Verbesserung

Die Felsen bei Tanumshede sind mit Tausenden Ritzungen überzogen

SÜDSCHWEDEN GRATIS

- Zu den meisten Sehenswürdigkeiten und Museen in Schweden haben Kinder und Jugendliche bis zu 18 Jahren freien Eintritt.
- Wer in schwedischen Flüssen **angeln** möchte, muss in der Regel tief in die Tasche greifen. Doch im Meer und in den fünf größten Seen ist dieser Spaß kostenlos. > S. 31
- Der Waldfriedhof **Skogskyrkogården** E2 in Stockholm steht auf der Liste des UNESCO-Weltkulturerbes. Nicht ohne Grund, denn er ist nicht nur Begräbnisstätte, sondern auch ein riesiges Open-Air-Gesamtkunstwerk (www.skogskyrkogarden.se, ganzjährig geöffnet).
- Im Park von **Prins Eugens Waldemarsudde** E2 auf der Stockholmer Insel Djurgården gibt es mehr als ein Dutzend Skulpturen anzuschauen, darunter von Künstlern wie Carl Milles, Carl Eldh und Auguste Rodin (Prins Eugens väg 6, www.waldemarsudde.se).
- In der **Malmö Konsthall** werden bei freiem Eintritt wechselnde Ausstellungen zeitgenössischer Kunst gezeigt. > S. 60
- Die **Felsritzungen** aus der Bronzezeit in der Umgebung von Tanumshede an der Westküste sind kostenlos zugänglich, auch das beeindruckende **Vitlycke Museum** kann bei freiem Eintritt besucht werden. > S. 101

der sozialen Lebensbedingungen. Zu Beginn des 20. Jhs. formierte sich um die Pädagogin Ellen Key (1849–1926) eine Bewegung, der auch Larsson nahestand. Man setzte sich zum Ziel, das private Umfeld mit gestalterischen Mitteln attraktiver zu machen, was in der Zeit der Auswanderung, der Landflucht und Verelendung dringend geboten war. Praktisch, aber auch schön sollten Gebrauchsgegenstände sein. Damit war dem Funktionalismus im schwedischen Design der Weg geebnet.

GROSSE LITERATUR UND KRIMIS

Im 19. Jh. brachte das Land mit **August Strindberg** (1849–1912) einen Romanautor und Dramatiker von europäischem Rang hervor. Um 1870 machte er in den Literaturkreisen des Kontinents Furore, während man ihn zu Hause jedoch als verrückt abstempelte, sodass er verärgert das Land verließ.

Selma Lagerlöf (1858–1940) widmete sich mehr heimatverbundenen Themen und erhielt 1909 den von der Schwedischen Akademie vergebenen Literaturnobelpreis. Als historische Landeskunde immer noch lesenswert ist ihre »Wunderbare Reise des kleinen Nils Holgersson mit den Wildgänsen«.

Die erfolgreichste schwedische Schriftstellerin ist **Astrid Lindgren** (1907–2002), deren »Pippi Langstrumpf« (1945) eines der weltweit meistgelesenen Kinderbücher ist. Auch ihre frechen Geschichten von »Michel aus Lönneberga«, von »Die Kinder aus Bullerbü« und »Lotta aus der Krachmacherstraße« haben das Bild, das man sich in der Welt von Schweden macht, ganz entscheidend mitgeprägt.

In jüngerer Zeit rangierten die Kriminalromane von **Henning Mankell** (1948–2015) auf Spitzenplätzen der (deutschen) Bestsellerlisten. Die Geschichten um den charismatischen Kommissar Wallander und die Fälle, die er in seinem Revier in Ystad zu lösen hat, spiegeln eine zeitgenössische Variante der Sicht auf schwedische Gesellschaftsverhältnisse. Erfolgreich auf dem deutschsprachigen Markt sind mit ihren Romanen auch die Krimiautoren Liza Marklund, Håkan Nesser, Arne Dahl sowie Camilla Läckberg.

ABBA fand 1972 in Stockholm zusammen

Die Krimitrilogie »Verblendung«, »Verdammnis«, »Vergebung« (Heyne Verlag, München) des schwedischen Schriftstellers und Journalisten **Stieg Larsson** verbindet Spannung mit hohem inhaltlichem Niveau und wurde bereits zweimal verfilmt. Der 2004 verstorbene Larsson war einer der weltweit führenden Experten für Rechtsextremismus und Neonazismus und auch Herausgeber eines antirassistischen Magazins.

FILM UND MUSIK

In der Filmkunst hat es **Ingmar Bergman** zu weltweitem Ruhm gebracht. Der Regisseur schuf mehr als 50 Filme, wie etwa »Das Schweigen« (1963) oder »Fanny und Alexander« (1982). Für Filme mit internationaler Starbesetzung und großem Publikumserfolg steht **Lasse Hallström** (»Gottes Werk und Teufels Beitrag«, »Chocolat«). Auch in der Unterhaltungsindustrie gab es immer wieder Botschafter Schwedens, angefangen bei den Filmstars **Ingrid Bergman** und **Greta Garbo**.

Schwedenpop ist seit **ABBA** fest etabliert, weltbekannt sind auch Bands wie Roxette, Mando Diao oder The Cardigans. Schweden ist gemessen am BIP der größte Popmusik-Exporteur, Songwriter, Studios und Produzenten aus Schweden stecken hinter zahlreichen internationalen Musikerfolgen, 2013 etwa hinter 66 Top-Ten-Hits in den USA und Großbritannien; nicht zufällig ist der Musik-Streamingdienst Spotify eine schwedische Erfindung.

Bei schwedischer Musik denkt man auch an populäre Volksmusik im besten Sinne. Die Lieder des Hofkomponisten und Troubadours **Carl Michael Bellmann** (1740–1795) gehören in Schweden immer noch zu den beliebtesten. Jeden Sommer finden an die tausend Konzerte im Rahmen der **Schwedischen Musikfestspiele** statt.

FESTE & VERANSTALTUNGEN

FESTKALENDER

Osterwoche: Zur **Konstrundan** in Skåne haben Hunderte von Kunsthandwerkern und Galeristen einen Tag der offenen Tür.

30. April: Valborgsmässoafton ist ein Festtag für Studenten. Vor allem in Uppsala und Lund singen die jungen Leute morgens alte Studentenlieder. Den ganzen Tag herrscht ausgelassene Karnevalsstimmung.

6. Juni: Der **Svenska Flaggans Dag** ist Schwedens Nationalfeiertag und seit 2005 arbeitsfrei.

Juni: Midsommar (Mittsommer) findet an dem Wochenende statt, das dem 21. Juni am nächsten kommt. Freitags ist *midsommarafton* mit Tanz um die *majstång*, samstags wird eher privat der Beginn des Sommers gefeiert. Am Wochenende vor *midsommar* findet in Askersund eines der größten schwedischen **Dixieland-Festivals** statt. Wenn an zwei Wochenenden im Sommer (Anfang Juni und Anfang August) auf dem Viehmarkt **Vrigstads marknad** Pferde, Schafe, Rinder und Schweine versteigert werden, kommen ca. 30 000 Besucher zu diesem Volksfest.

Juli: Ganz Schweden hat Urlaub. **Stadtfeste und Musikfestivals** allerorten, Sehenswürdigkeiten und Museen haben länger geöffnet als üblich und überall ist etwas los. Schon seit 30 Jahren geht beim größten Folkfestival des Nordens, dem **Korrö-**

Überall in Schweden wird Mittsommer mit Musik und Tanz gefeiert

Festival, auf dem Gelände der historischen Gerberei am Fluss Ronneby ån (südl. Småland) vier Tage lang die Post ab.

August: *Kräftpremiär* war früher der Beginn der Flusskrebssaison. Am zweiten Mittwoch im August wird fast überall zur **Kräftskiva** geladen, zum Krebsessen und Schnapstrinken.

Oktober: Anfang Oktober findet in Stockholm ein großes Jazzfestival statt.

10. Dezember: Nobelpreisverleihung in Stockholm.

13. Dezember: Santa Lucia kommt mit Lichterkranz und singendem Gefolge, um die dunkle Winternacht aufzuhellen.

Weihnachten: Jul ist ein sehr kindbetontes, fröhliches Fest. Traditionell wird um den unter anderem mit blaugelben Fähnchen dekorierten Weihnachtsbaum getanzt.

ESSEN & TRINKEN

Hamburger und Pizza? Klar, die gibt es in Schweden ebenso wie Topgastronomie mit internationaler Reputation. Insbesonders auf dem Land sind Hotelrestaurants willkommene Adressen, in den Städten ist die Auswahl an kulinarischen Genüssen naturgemäß größer.

Abends zum Essen auszugehen hat in Schweden leicht festlichen Charakter. Eine Tischreservierung für das abendliche Essen *(middag)* um 20 Uhr gehört zum guten Ton und ist nicht nur in den Städten zu empfehlen. Gerade auf dem Land sind die eher dünn gesäten Speiselokale gut besucht. Auf dem Land bieten die den Museen und Sehenswürdigkeiten angeschlossenen Cafés und Cafeterien mit ihren einfacheren Mahlzeiten eine gute Alternative für die Mittagszeit. Eine preisgünstige Möglichkeit, gut zu Mittag zu essen, ist *dagens rätt*, das fast alle Restaurants anbieten. Das Tagesgericht kostet inklusive Brot, Salat, einem alkoholfreien Getränk und Kaffee ab 100 SEK.

SMÖRGÅSBORD UND TYPISCHE SPEISEN

Das traditionelle schwedische *smörgåsbord*, das früher nur zu festlichen Anlässen aufgetischt wurde, hat sich in einer etwas alltäglicheren Variante vor allem in Restaurants als Büfett durchgesetzt. Die Bandbreite der Speisen variiert je nach Jahreszeit, regionaler Ausrichtung und Ambition der Küche. Seinen Ursprung hat das *smörgåsbord* vermutlich in bäuerlichen Festen, bei denen jeder Gast eine Speise mitbrachte.

Ein klassisches *smörgåsbord* besteht aus mehreren Gängen. Viele dieser typischen Speisen finden sich auch als einzelne Gerichte auf den Speisekarten der Restaurants mit schwedischer Küche. Als Appetitanreger steht eingelegter Hering *(sill)* am Anfang eines langen Reigens maritimer Köstlichkeiten. Typische Gerichte sind in Senf eingelegter *senapsill* und süß-saurer *kryddsill*, die zu Knäckebrot gegessen werden. Daran schließen für gewöhnlich die

FABELHAFT ESSEN

- Das **PM & Vänner** in **Växjö** wurde für seine exquisite Weinkarte mit dem »Wine Spectator's Grand Award« 2017 in New York ausgezeichnet – damit gehört es zu den besten Weinrestaurants der Welt. > S. 78
- Die jüngste Neueröffnung des vielfach prämierten Tommy Myllymäki liegt an der Südspitze des Vättersees. Der Name des Restaurants **Sjön** in **Jönköping** bedeutet denn auch nichts anderes als »Der See«. > S. 83
- Das **28+** in **Göteborg** ist ein mit einem Michelinstern dekoriertes Spitzenrestaurant. Stilvollschlichtes Ambiente, gelungenes Lichtdesign. > S. 95
- Melker Andersson, einer der ersten schwedischen Starköche, führt in **Stockholm** sieben stylishe Restaurants der **GruppF12** im urbanen Lounge-Stil. > S. 137
- Vorzüglich isst man unter Linden hoch über dem Wasser in **Stockholms Fåfängan** ▮ E2 (Klockstapelsbacken 3, Södermalm, Tel. 08 642 99 00, www.fafangan.se)
- Starkoch Christer Lingström führte das Restaurant Edsbacka Krog 20 km nördlich von Stockholm zur Sterneadresse. Jetzt konzentriert er sich auf das **Bistro Edsbacka** ▮ E2 gegenüber (Sollentunavägen 223, 191 35 Sollentuna, Tel. 08/631 00 34, www.bistroedsbacka.se, €€).

Meeresfrüchte an. An der Westküste kann man Krebse, Krabben, Langusten, Hummer und Muscheln erwarten, während man im Inland schneller zum geräucherten Fisch – Lachs, Makrele und Aal – übergeht.

Der Beginn des zweiten Gangs enthält verschiedene Sorten kalten geräucherten/gekochten Schinken. Dabei sind die Rentier- und Elchschinken für die mitteleuropäisch geprägten Geschmacksnerven echte Neuentdeckungen. Rohkost sowie deftige Salatvarianten gehen ebenfalls den warmen Speisen voran. Fisch und Fleisch, meist als Braten, dazu Gemüse und die obligatorischen Salzkartoffeln weisen starke Parallelen zur Küche Mitteleuropas auf. Sehr beliebt nicht nur bei Kindern sind die berühmten *köttbullar*, kleine, mild gewürzte Fleischbällchen ohne Zwiebeln, die klassisch mit *lingonsylt* (Preiselbeermus) und mit *potatismos* (Kartoffelpüree) gegessen werden.

KANON DER NACHSPEISEN

Zu den Nachspeisen gehören unterschiedliche Käsesorten, wobei die schwedischen Erzeugnisse eher fettarm sind. Aufgetischt werden meist französische Weichkäse. Traditionell ist die jahreszeitlich und regional sehr unterschiedliche Palette an Kuchen, Fruchtspeisen und Puddings. Aufwendige Zubereitung verlangt die småländische Spezialität *ostkaka*, ein sehr gehaltvoller Käsekuchen. Klassisch ist die schwedische *mandeltårta*, eine Schoko-Mandel-Torte, die zum abschließenden Kaffee gereicht wird.

DURSTLÖSCHER

Kaffee ist das Nationalgetränk der Schweden und rund um die Uhr erhältlich. Er ist preiswert und im Restaurant meist sogar Bestandteil der Mahlzeit, der nicht gesondert berechnet wird. In Cafés ist es immer noch so, dass, wer einen Kaffee ordert, die zweite Tasse als *påtår* – als Zugabe – kostenlos bekommt. Sogar in den verbreiteten Selbstbedienungs-Cafeterien ist das oft der Fall. Da aber auch in Schweden Espresso, Cappuccino und Caffè latte Einzug gehalten haben und die Kaffeevollautomaten den aufgebrühten Kaffee auf der Warmhalteplatte immer mehr verdrängen, scheinen die Tage des *påtår* gezählt zu sein.

Im stilvollen, mehrfach ausgezeichneten Restaurant PM & Vänner in Växjö

Kostenlos wird in Speiselokalen gutes, klares Wasser, oft mit Eis und Zitrone, in einer Karaffe zur Mahlzeit serviert. Sollte es einmal fehlen, frage man nach *isvatten* oder *bordsvatten* (Eis- oder Tischwasser). Mineralwasser können Sie natürlich auch bestellen, es ist aber vergleichsweise teuer.

Alkoholfreies Bier *(öl)* ist in Schweden schon viel länger im Angebot als bei uns. Zur Umgehung des Staatsmonopols für den Verkauf von Alkohol, den man nur in staatlichen Läden *(Systembolaget)* erwerben kann, gibt es seit Jahrzehnten Leichtbier *(lättöl)* mit weniger als 3,5 Vol.-% Alkohol im freien Lebensmittelhandel. Bier über 3,5 Vol.-% *(starköl)* sowie Wein und andere Alkoholika dürfen die Endverbraucher im Alter von mind. 18 Jahren nach wie vor nur montags bis freitags, mancherorts auch samstags, im staatlichen Systembolaget erwerben, der allerdings bei den Weinen auch eine gute Qualität und Auswahl führt.

FRÜHSTÜCK

Frühstück *(frukost)* wird in der Regel zwischen 7 und 10 Uhr angeboten. Cafés oder Hotelrestaurants servieren oftmals ein sehr vielseitiges Büfett. Knäckebrot oder Brötchen werden mit Käse und Wurst belegt. Eine Art Dickmilch *(filmjölk)* gibt man ins Müsli oder in Haferflocken, was dann gern mit Zimt und Zucker, Beerenkompott oder Marmelade verfeinert wird. In Hotels bereichern eingelegte Heringe das Angebot, auch gibt es Kaviarpaste zu gekochten Eiern oder pur als Brotaufstrich. Zum Frühstück trinkt man Kaffee, Milch *(mjölk)* und Fruchtsäfte.

VERFÜHRUNGEN FÜR GOURMETS

Die Östermalms saluhall in Stockholm ist ein 3000 m² großer Gourmettempel

Der französische Kochpapst Paul Bocuse, der 1987 den internationalen Kochwettbewerb »Bocuse d'Or« ins Leben gerufen hatte, behauptete einst: »Das kulinarische Zentrum liegt nicht mehr in Südeuropa, sondern ist nach Nordeuropa gewandert.« Und tatsächlich: Schwedische Köche räumen bei internationalen Wettkämpfen einen Preis nach dem anderen ab. Es begann 1995 mit **Melker Anderssons** (von der Restaurantgruppe F12, › S. 137) Silbermedaille beim »Bocuse d'Or«. 1997 gelang es **Mathias Dahlgren,** dort die Goldmedaille zu gewinnen, 2001 sowie 2009 erkochten sich **Henrik Norström** bzw. **Jonas Lundgren** Silber, 2011 erlangte **Tommy Myllymäki** die Silbermedaille und 2015 die Bronzemedaille. 2004, 2007 und 2012 holte die schwedische Kochnationalmannschaft bei der Kocholympiade die Goldmedaille. Bei der Weltmeisterschaft der Sommeliers 2007 siegte **Andreas Larsson,** damals Chefsommelier des PM & Vänner › S. 78. Die Weltmeisterschaft 2016 gewann wieder ein Schwede: **Arvid Rosengren.** Der Südschwede war 2009 bereits zum besten Sommelier Schwedens gekürt worden.

Gemeinsam mit dänischen und norwegischen Kollegen wirkten Schwedens Köche daran mit, die »Neue Nordische Küche« als Topos auf der kulinarischen Weltkarte zu etablieren. Die Erfolgsserie weckte im Land ein völlig neues Interesse am Kochen. Erfolgreiche Köche genießen Kultstatus im Land. Die internationale Fachwelt spricht schon vom schwedischen Modell der Aus- und Weiterbildung von Gastronomiefachkräften. Das Ergebnis sind ambitionierte, junge Köche, Sommeliers und Restaurantmanager. Neben der innovativen Restaurantszene gibt es eine wachsende Anzahl neuer, kleiner Nahrungsmittel- und Getränkeproduzenten, die auf dem Land und in den Städten aus dem Boden schießen: Mikro- und Nanobrauereien, mobile Metzgereien, Most- und Apfelsaftbusse, Steinofenbäckereien, Käsereien, Gemüse- und Kräuteranbau, ökologische Schweine- und Rinderzucht.

SÜDSCHWEDENS KULINARISCHE LANDSCHAFT

Wer sich auf eine kulinarische Reise vorbereiten möchte, findet im englischsprachigen **»White Guide Sweden«** einen informativen Begleiter (www.whiteguide.se). Es gibt zudem einen Ableger mit den besten Cafés. Weitere Gourmetadressen > S. 48.

Aber auch viele andere Restaurants sind einen Besuch wert:

- Påskalaviks Gästgifveri D4 an der Ostküste ist eine abgeschieden gelegene Perle, für die Fans von weither anreisen (Kustvägen 31, 570 90 Påskalavik, Tel. 04 91/970 00, www.paskalavik.se, €€).
- Delikat veredelte Rohwaren aus Wald und See lassen Gourmets aus Göteborg zur **Falkholts Dalslandskrog** > S. 108 pilgern.

- Mit zu den besten Konditoreien zählt das **Café** im **Kaufhaus »NK«** > S. 133 in Stockholm.

DAS MÅLTIDENS HUS C2

Eine der wegweisenden Institutionen unter den 130 Restaurant- und Hotelfachschulen Schwedens ist das Måltidens Hus in Grythyttan. Hier wird eine Mahlzeit verstanden als Zusammenspiel von Rohwaren, ihrer Zubereitung, der Art und Weise des Servierens, von Atmosphäre und Raumgestaltung unter Berücksichtigung der Kostenseite. Mit Ausstellungen, kulinarischen Kursen für die Allgemeinheit und einem Kochbuchmuseum ist das »Haus der Mahlzeit« Ausdruck des hohen gastronomischen Anspruchs in Schweden (Sörälgsvägen 4, 712 60 Grythyttan, Tel. 05 91/340 40, www.maltidenshus.com). Im Restaurant Hyttblecket können auch Gäste mittags essen.

Das Måltidens Hus war 1992 Schwedens Pavillon auf der Expo in Sevilla

Das Kastell von Vaxholm auf der Insel
Vaxö im Stockholmer Schärengarten

TOUREN &
SEHENSWERTES

SKÅNE UND MALMÖ

Malmö ist die südlichste
Großstadt Schwedens

Das reiche, fruchtbare Bauernland der südlichsten Provinz Schwedens mit ihren Schlössern und Herrensitzen noch aus dänischer Zeit lädt zu Schlemmer- und Kulturtouren ein. Malmö, die lebendige Großstadt, lohnt zu jeder Jahreszeit einen Besuch.

Bis 1658 gehörte Skåne zum dänischen Königreich. Die Landschaft und die Dörfer an der Küste erinnern in mehrfacher Hinsicht an den heutigen Nachbarn: kleine Fachwerkhäuser, vierflügelige Bauernhöfe, sanft hügeliges Agrarland und die Schlösser, die sich der dänische Adel hier errichten ließ. An drei bis fünf Tagen lässt sich Schonen bequem mit dem Auto umrunden. Doch ganz wie man es von Schweden erwartet, gibt es auch hier reichlich Möglichkeiten, die Natur zu genießen: mit dem Rad unterwegs zu sein, einem der vielen markierten Wanderwege zu folgen oder zu angeln. Zu den Verlockungen der Provinz zählen auch ihre herrlichen breiten Sandstrände – selbst Malmö besitzt einen Badestrand. Drei Städte dürfen sich als Einfallstore nach Skåne bezeichnen: Malmö, weil es über die Öresundbrücke mit Kopenhagen verbunden ist, Trelleborg, denn hier kommen die Fähren aus Travemünde, Rostock und Sassnitz an, sowie schließlich Helsingborg, wo eine kurze Fährverbindung hinüber ins dänische Helsingør besteht.

TOUREN IN DER REGION

ZUR HALBINSEL KULLEN

ROUTE: Malmö › Lund › Landskrona › Röstånga › Helsingborg › Höganäs › Mölle

KARTE: Seite 56
DAUER: 2 Tage
PRAKTISCHER HINWEIS:
• Weitere Infos zu Söderåsen:
www.sveriganationalparker.se

TOUR START:
Die Vielfalt Skånes erschließt sich auf einer Fahrt in den Nordwesten. Von **Malmö** **1** › S. 59 aus geht es zunächst in die Universitätsstadt **Lund** **11** › S. 65, die neben ihrem romanischen Dom einige interessante Museen zu bieten hat. Das dominierende Bauwerk von **Landskrona** **10** › S. 65 ist die 1549 aus rotem Ziegel erbaute Zitadelle. Nun fährt man über kleine Dörfer ins Land hinein, wo man bei Röstånga auf den bewaldeten Höhenzug Söderåsen mit dem gleichnamigen Nationalpark stößt. Dieser widerlegt den Ruf Skånes, flach zu sein, denn hier findet

man inmitten des Laubwalds tiefe Schluchten und Felsen; schöne Wanderwege beginnen am Naturum in Skärarild. Durch eine fast einsame Landschaft erreicht man dann wieder das Meer.

An der mit etwa vier Kilometern schmalsten Stelle des Öresunds liegt **Helsingborg** 12 › S. 66 mit einer idyllischen Altstadt. Gen Nordwesten folgt man der Küstenlinie und erreicht die für ihre Keramikproduktion bekannte Stadt Höganäs › S. 66. Sie bildet das Tor zur **Halbinsel Kullen** 13 › S. 66 mit 60 m hohen Klippen und den charmanten Orten Arild sowie Mölle.

TOUR 2

SKÅNE FÜR FISCHLIEBHABER

ROUTE: Malmö › Skanör › Trelleborg › Ystad › Kåseberga › Simrishamn › Kivik › Åhus

---

TOUREN IN SKÅNE

TOUR 1

ZUR HALBINSEL KULLEN

Malmö › Lund › Landskrona › Röstånga › Helsingborg › Höganäs › Arild › Mölle

TOUR 2

SKÅNE FÜR FISCHLIEBHABER

Malmö › Skanör › Trelleborg › Ystad › Kåseberga › Simrishamn › Kivik › Åhus

KARTE: Seite 56
DAUER: 2 Tage
PRAKTISCHER HINWEIS:
• Die Öffnungszeiten der Fischräuchereien variieren saisonal. Jene in Skanör hat im Winter geschlossen, für das Restaurant der

Fischräucherei in Kivik empfiehlt sich im Hochsommer eine Tischreservierung.

TOUR-START:

Skånes Küche genießt in Schweden vor allem wegen ihrer hervorragenden Fischspezialitäten einen guten Ruf. Auf dieser Zweitagestour können Sie sich unter anderem beim Besuch der Fischräuchereien selbst davon überzeugen.

In Skåne wird auch der Großteil des schwedischen Aquavits produziert. Damit stellt sich schnell die Frage nach der Übernachtung – in

Kivik und Skanör gibt es Hotels in Gehweite der Fischräuchereien.

Von **Malmö** **1** ▸ S. 59 geht es zunächst an der flachen Küste entlang in Richtung Trelleborg. Der erste Stopp lohnt auf der Halbinsel **Falsterbonäset** **3** ▸ S. 62 im hübschen Fischerdorf Skanör ▸ S. 62 mit seiner hervorragenden Räucherei Rögeriet am Hafen.

Zwischen **Trelleborg** **2** ▸ S. 62 und **Ystad** **4** ▸ S. 62, Krimifans als Kommissar Wallanders Heimat bekannt, geht eine niedrige Steilküste langsam in schöne Sandstrände über. Doch dann werden die Hügel wieder höher, bis Kåseberga erreicht ist. Oberhalb des Hafens befindet sich die Schiffssetzung **Ales Stenar** **5** ▸ S. 63, die auch gern als das »Stonehenge des Nordens« bezeichnet wird. Der etwa 15-minütige Spaziergang vom Hafen hinauf auf den rund 37 m hohen Hügel wird mit einem weiten Blick über die Ostsee belohnt.

Und unten am Hafen lockt wieder der Räucherfisch, diesmal in der eher rustikalen Räucherei Kåseberga Fisk, deren schönste Sitzplätze draußen im Hang stehen (www.kaseberga-fisk.se, April–Dez. tgl. mind. 10–15 Uhr). Wer lieber drinnen sitzt, sucht eines der Restaurants in **Simrishamn** **6** ▸ S. 63 auf.

In **Kivik** **7** ▸ S. 63, auch bekannt als Schwedens Apfelhauptstadt, befindet sich die nächste empfehlenswerte Fischräucherei, Buhres Fisk, in einem verglasten modernen Bau am Hafen (Laden tgl. ab 10, Restaurant tgl. außer Mo ab 11 Uhr). ▸ mehr S. 14 Punkt **19** Zuvor lohnt aber noch ein Abstecher in den nahen Nationalpark Stenshuvud ▸ unten.

Über die Orte Brösarp und Ölseröd führt die Route dann weiter nach **Åhus** **8** ▸ S. 64 mit seinen weiten Stränden und hervorragenden Räucheraal-Spezialitäten, die man idealerweise bei einer *ålagille* im Spätsommer genießt.

🐟 **NATIONALPARK STENSHUVUD** 📍 C6

1986 wurde der südöstliche Ausläufer des Höhenrückens Linderödsåsen zum Stenshuvud-Nationalpark erklärt. Südlich von Kivik fällt der Höhenzug bis zu 100 m steil ins Meer ab. Der Gipfel des »Steinkopfs« erhebt sich 124 m hoch und bietet einen weiten Blick über die Hanö-Bucht und ihre scheinbar endlosen Sandstrände.

Schwedens südlichster und kleinster Nationalpark schützt eine reichhaltige Flora – darunter Wald- und Heideflächen, wilde Apfelbäume, Haselsträucher sowie Wildblumen- und Orchideenwiesen. Insgesamt umfasst er rund 300 ha Kulturland und 90 ha Wasserfläche. Durch den Nationalpark führt ein Wanderweg, an seinen schönen Stränden darf gebadet werden.

Das **Naturum** am Parkplatz im Zentrum des Parks informiert und versucht mittels Ausstellungen, Sensibilität für die Natur zu wecken (www.sverigesnationalparker.se, im Sommer tgl. 10–16/18 Uhr).

UNTERWEGS IN DER REGION

MALMÖ 1 ⭐ 📖 B6

Die Schweden, die nach Malmö (342 000 Einw.) kommen, wähnen sich schon fast nicht mehr in ihrem Heimatland: Die südlichste Großstadt des Landes ist seit 2000 durch die Öresundquerung direkt mit Kopenhagen verbunden. Und jenseits der Ostsee, quasi nur einen Sprung weit, liegt Deutschland. Malmö orientiert sich stärker am Nachbarn Kopenhagen als am fernen Stockholm. Dass hier viel Dänisches im Spiel ist, verraten Dialekt und Ge-

schichte. Die für Schweden ganz untypischen Fachwerkhäuser in der Altstadt verbreiten eine heimelige Atmosphäre, die für eine Stadt dieser Größe erstaunlich ist.

ZENTRUM UND ALTSTADT

An die Ära des Heringshandels erinnert die **St.-Petri-Kirche** Ⓐ, eines der ältesten Gebäude der Stadt. Sie wurde zu Beginn des 14. Jhs. im Stil der hansetypischen Backsteingotik erbaut. Rund um den zentralen Platz der Altstadt, den malerischen Hauptmarkt **Stortorget** Ⓑ,

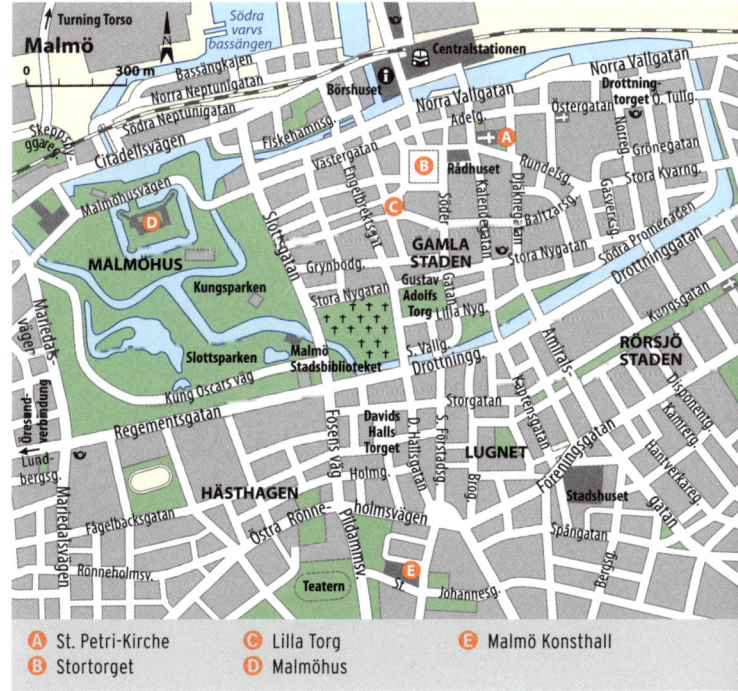

Ⓐ St. Petri-Kirche Ⓒ Lilla Torg Ⓔ Malmö Konsthall
Ⓑ Stortorget Ⓓ Malmöhus

gruppieren sich schöne alte Gebäude: das Rathaus von 1546, die Residenz – Sitz des Regierungspräsidenten – die Löwenapotheke von 1898 sowie das prachtvolle Treppengiebelhaus des Bürgermeisters Jörgen Kock von 1525.

Als Erweiterung des großen benachbarten Marktplatzes wurde im 16. Jh. **Lilla Torg** – der Kleine Platz – angelegt. Zahlreiche, für Schweden eigentlich untypische Fachwerkhäuser säumen die Freifläche. Ein fast schon mediterranes Flair bekommt der Platz, sobald das Wetter etwas wärmer wird, denn dann ist jeder Quadratmeter mit den Stühlen und Tischen der vielen Cafés, Bars und Restaurants besetzt.

MALMÖHUS Ⓓ

Als Museumszentrum der Stadt könnte man heute die 1536 erbaute Burg Malmöhus bezeichnen. Von ihren einst vier Festungstürmen sind nur noch zwei erhalten, die wie das Verlies besichtigt werden können. Im weitläufigen Park des Festungsgeländes befinden sich vier Museen: Das **Stadtmuseum** dokumentiert die Geschichte von Malmös Frühzeit bis zum Mittelalter, das **Kunstmuseum** widmet sich den bildenden Künstlern des 20. Jhs. aus Skåne und Nordeuropa.

Schwedens Tierwelt in ihren Lebensräumen ist im **Museum für Naturgeschichte** das Thema. Das **Technik- und Seefahrtsmuseum** hält nicht nur Maschinen und Modelle bereit, sondern lädt zu eigenen Experimenten ein (www.malmo.se/museer, tgl. 10–17 Uhr).

MALMÖ KONSTHALL Ⓔ

Südöstlich von Malmöhus und den umgebenden Grünanlagen präsentiert die städtische Kunsthalle bei freiem Eintritt Wechselausstellungen zeitgenössischer Kunst (tgl. 11 bis 17, Mi bis 21 Uhr). Ein beliebter Treffpunkt ist das angeschlossene Café SMAK, das ganz in schwarz

---

👍

MODERNE ARCHITEKTUR

- In **Kalmar** wurde ein ehemaliges Werftgelände auf **Varvsholmen** am Kalmarsund zu einem attraktiven Wohnviertel umfunktioniert. Die Insel verbindet nun eine Brücke mit der Innenstadt. › S. 73
- **Jönköping** ▮ C4 öffnete sich zum Wasser mit dem Bau des neuen Kulturhauses **Spira**. Holz, Granit und Glas prägen das helle Haus mit geschwungener Fassade (www.smot.se).
- Auch in **Göteborg** hat man am Wasser gebaut. 1994 eröffnete die direkt am Fluss Göta älv entworfene **Oper** von Jan Izkowitz; große Teile der schönen Uferbebauung wurden renoviert. › S. 94
- Aufsehenerregend ist das 2011 fertiggestellte **Stockholm Waterfront** ▮ a2. Der Komplex, mit Hotel, Bürohaus und Kongresszentrum, erhebt sich wie ein gigantischer, etwas eingedrückter Korb aus Stahlgeflecht zwischen Bahnhof und Stadshuset (www.stockholmwaterfront.com).

und grau gehalten ist. Die Gerichte sind schlicht, aber sehr gut (St. Johannesgt. 7, Tel. 040/50 50 35, €).

TURNING TORSO

Auf einem ehemaligen Werftgelände entstand das moderne Stadtviertel Västra Hamnen. Höhepunkt ist das 190 m hohe, schraubenförmige Hochhaus Turning Torso des spanischen Stararchitekten Santiago Calatrava. > mehr S. 17 Punkt **30**

INFO
Malmö Turistbyrå
- Börshuset | Skeppsbron 2
  211 20 Malmö
  Tel. 040/34 12 00
  www.malmotown.com
  Büro auch im Hauptbahnhof

HOTELS
Scandic Hotel Kramer €€–€€€
Traditionshaus von 1875 mit 113 komfortablen Zimmern. Restaurant, Bar mit schöner Glasveranda zum Stortorget.
- Stortorget 7 | 211 22 Malmö
  Tel. 040/693 54 00
  www.scandichotels.se

Elite Hotel Savoy €€
Im Traditionshaus sind viele Jugendstilelemente erhalten geblieben.
- Norra Vallgatan 62 | 211 22 Malmö
  Tel. 040/664 48 00
  www.elite.se

Hotel Garden €€
Zentrumsnahes Hotel in einem nüchternen Bürokomplex. Überraschend: Zimmer mit Blick auf den Dachgarten.
- Baltzarsgatan 20 | 211 36 Malmö
  Tel. 040/665 60 00 | ligula.se

Malmös altes Rathaus am Stortorget

Good Morning+ Malmö €
Freundliches und preisgünstiges Haus südlich der Altstadt in Stadionnähe.
- Stadiongatan 21 | 217 62 Malmö
  Tel. 040/672 85 70 | ligula.se

RESTAURANTS
Johan P €€€
Markthallenatmosphäre und den frischesten Fisch, den man bekommen kann: Das Fischrestaurant in der Nähe des Lilla Torg gehört zu den besten an der Westküste
- Hjulhamnsgatan 5 | 211 34 Malmö
  Tel. 040/97 18 18 | www.johanp.nu

Årstiderna i Kockska Huset €€–€€€
Klassiker mit schwedisch inspirierter Feinschmeckerküche, serviert in einem historischen Gewölbekeller.
- Frans Suellsgatan 3 | 211 22 Malmö
  Tel. 040/23 09 10
  arstiderna.pieplowsrestauranger.se
  So geschl.

TRELLEBORG 2 📖 B6

Die erste Begegnung mit Schweden ist für viele Urlauber aus Mitteleuropa Trelleborg (30 500 Einw.; www.visittrelleborg.se). Nach dem Übersetzen mit der Fähre ab Travemünde, Rostock oder Sassnitz › S. 24 stoßen Reisende mitten im Stadtzentrum auf eine **Wikingerburg,** die vor gar nicht allzu langer Zeit entdeckt und rekonstruiert wurde.

Im Innenhof der kreisrunden, zu einem Drittel wiederaufgebauten Wallanlage Trelleborgen mit Palisaden und Wachtürmen werden im Sommer Wikingerspiele, außerdem Konzerte und Theatervorstellungen veranstaltet (ansonsten das ganze Jahr über zugänglich, gratis).

FALSTERBONÄSET 3 📖 B6

Die Fischerdörfer auf der Halbinsel Falsterbonäset zwischen Trelleborg und Malmö hatten ihre beste Zeit vom 13. bis zum 16. Jh., als der Heringsfang noch reichlich Erträge brachte. Einen neuen Aufschwung erlebte die Gegend dann erst wieder durch den Badetourismus: Die Strände der Halbinsel gehören zu den beliebtesten in der Region. Man trifft hier deshalb viele Malmöer.

Der Golfplatz an der Küste von **Falsterbo** (www.falsterbogk.se) ist der renommierteste 18-Loch-Links-Kurs im Land.

Zu empfehlen ist die sehr gute Fischräucherei Rögeriet mit Ladenverkauf, die man am Hafen von **Skanör** findet. Sie wird derzeit vergrößert (www.rogeriet.se).

HOTEL/RESTAURANT
Gässlingen €€€
Gourmetrestaurant mit 29 Zimmern in Hafennähe. In der Nebensaison gibt es v. a. Wochenendpakete mit Gourmetabendessen und Übernachtung.
• Rådhustorget 6 | 239 30 Skanör
  Tel. 040/45 91 00
  www.hotellgasslingen.com

YSTAD 4 2 📖 B6

Dank Henning Mankells Bestseller-Romanfigur Kommissar Wallander und der hier gedrehten Verfilmungen zählt Ystad (19 500 Einw.) vor allem unter deutschen Gästen zu den bekanntesten Orten Schwedens. Zu den Wallander-Schauplätzen in und um Ystad führen ein Spezialstadtplan, die Website visitsweden.de/wallanders-ystad und die Gratis-App (im App-Store unter »Wallander«).

Mit ihren 40 km Sandstrand genießt die Stadt aber auch den Ruf eines vortrefflichen Badeorts. Mindestens ebenso reizvoll ist das Ortsbild des historischen Städtchens mit mehr als 100 Fachwerkhäusern und der original in romanischem Stil erbauten **Marienkirche.**

Zu interessanten Stadtrundgängen laden auch die mittelalterlichen Gassen um das **Franziskanerkloster** mit der Petrikirche (13. Jh.) ein. Im Kloster ist heute das Stadtmuseum untergebracht.

INFO
Ystads Turistbyrå
• St. Knuts Torg | 271 42 Ystad
  Tel. 04 11/57 76 81 | www.ystad.se

HOTEL

Ystads Saltsjöbad €€€
Traditionsreiches Kurhotel im Kiefernwäld-
chen direkt am Strand; 140 modern ausgestattete Zimmer, schöner Wellnessbereich.
• Saltsjöbadsvägen 6 | 271 39 Ystad
  Tel. 04 11/136 30 | www.ysb.se

ALES STENAR 5 ⭐ 🔖 C6

Hinter Ystad verstellt die Hügelket-
te **Hammars Backar** den Blick auf
die Ostsee. Diese Os genannten Hö-
henzüge sind von den Gletschern
der letzten Eiszeit vor rund 10 000
Jahren aufgeschobene Geröllmas-
sen, die das Bild der Landschaft in
dieser Gegend prägen. Hammars
Backar fällt als Steilküste bis zu
40 m direkt zur Ostsee ab. Einen
derartig exponierten Platz machten
wahrscheinlich die Wikinger zur
Kultstätte: **Ales Stenar** oberhalb
von Kåseberga.

In der Form eines Schiffes wurden 59 tonnenschwere, über manns-
hohe Granitblöcke zusammenge-
stellt und bilden die größte Anlage
dieser Art im ganzen Land. Die Steine, die Bug und Heck markieren,
sind beachtliche 67 m voneinander
entfernt und markieren zudem den
Punkt des Sonnenaufgangs an den
Sonnenwendtagen. Dass es sich hier
um das Grab eines Häuptlings handelt, ist nur eine Vermutung.

SIMRISHAMN 6 🔖 C6

Die Stadt (7000 Einw.) ist der
Hauptort von Österlen. In diese
Ecke Skånes zieht es besonders viele
Kunstschaffende und Kunsthand-

werker. Sie zeigen ihre Arbeiten
während der Kunstwoche (*konstve-
ckan*) nach Ostern gemeinsam in
über 100 Galerien und Ateliers.

Rund 10 km südwestlich der Stadt
steht **Glimmingehus** – eine kleine,
dennoch eindrucksvolle Burg. › mehr
S. 17 Punkt 31

HOTEL

Karlaby Kro €€€
Gediegenes Landhotel mit Restaurant in
typischem Skånehof, etwa 10 km von Simrishamn im Binnenland.
• 272 93 Tommarp | Tel. 04 14/203 00
  www.karlabykro.se

RESTAURANTS

Kronovalls Vinslott €–€€€
Festlich tafeln lässt es sich im noblen
Schlossrestaurant (tgl., €€€); im rusti-
kalen Spannstallet werden mediterrane
Snacks, Kuchen und Desserts serviert
(Juli, Aug. tgl., €–€€).
• 273 95 Tomelilla (ca. 17 km nordöstl.)
  Tel. 04 17/197 10 | kronovall.se

Börje Olssons Skafferi €
Delikatessengeschäft mit Bewirtung; deftige schwedische und mediterrane Snacks,
auch zum Mitnehmen. Im Winter So geschl.
• Storgatan 11 | 272 31 Simrishamn
  Tel. 04 14/171 77
  www.borjeolssonsskafferi.se

KIVIK 7 🔖 C6

Die Hälfte aller Äpfel, die in Schweden verzehrt werden, kommt aus
Österlen. Zur Obstbaumblüte im
Mai und zur Apfelernte im September herrscht Feierstimmung. Höhepunkt ist der **Apfelmarkt** am letzten

Wochenende im September (www. appelmarknaden.se). Zu diesem Anlass wird alljährlich ein riesengroßes »Bild« aus Tausenden Äpfeln kreiert. Das ganze Jahr über kann man in der Saftmosterei einkaufen.

Kivik hat außerdem einen Hafen > mehr S. 14 Punkt ⑲ und eine vorgeschichtliche Sehenswürdigkeit: Vor 3000 Jahren wurden Tausende Tonnen an Feldsteinen zu einem mächtigen Hügel, dem **Königsgrab**, aufgeschichtet. Die Grabkammer mit ihren bis heute nicht enträtselten Felszeichnungen ist begehbar (Juni bis Aug. tgl. 10/11–17/18, in der Nebensaison Di–So 11/12–16 Uhr).

HOTEL

Kiviks Hotell €€€
Alte Villa mit jüngerem Anbau und Spa in Hanglage. Viele Zimmer haben Seeblick. Schöne Terrasse und großer Garten.
• Moriabacken | 277 30 Kivik
  Tel. 04 14/700 75 | www.kivikshotell.se

ÅHUS ⑧ ■ C6

Åhus liegt geschützt an einem Mündungsarm des Flusses Helge å. Die Gassen um Kirche (12. Jh.) und Rathaus lassen erkennen, dass der Ort im Mittelalter ein bedeutender Warenumschlagplatz war. Typisch für die Region sind zwei Produkte: Schnaps und Aal. »Absolut Vodka« ist inzwischen ein schwedischer Exportschlager geworden, und Räucheraal wird in sieben klassischen Varianten angeboten. Im Spätsommer genießt man beides zusammen bei einer *ålagille*, einem deftigen Festschmaus mit Sinnenrausch in einer rustikalen Fischerhütte am Strand. > mehr S. 15 Punkt ⑳

INFO

Åhus Turistbyrå
• Torget 15 | 296 31 Åhus
  Tel. 044/13 47 77 | www.visitahus.com

HOTEL

Åhus Gästgivaregård €€–€€€
Landgasthaus am Wasser mit gutem Restaurant; veranstaltet auch *ålagillen*.
• Gamla Skeppsbron 1 | 296 31 Åhus
  Tel. 044/28 90 50 | www.ahusgastis.com

KRISTIANSTAD ⑨ C6

Einst sollte die 1614 vom Dänenkönig Christian IV. gegründete Renaissancestadt (heute 41 000 Einw.) als Außenposten das Dänische Reich sichern. Und wie jede Provinzhauptstadt besitzt Kristianstad ein **Regionalmuseum**. Im Zeughaus des niemals vollendeten Schlosses versammelt es vielseitige Ausstellungen, zum Beispiel zur Stadtgeschichte (Stora Torg, www.region museet.se, Di–So 11–17, Juni–Aug. tgl. 11–17 Uhr, gratis).

INFO

Kristianstad Turistbyrå
• Västra Storgatan 12 | 291 80 Kristianstad
  Tel. 044/13 50 00
  www.turism.kristianstad.se

HOTEL

Hotel Christian IV. €–€€
Gediegenes Stadthotel mit netter Bar. 86 individuelle Zimmer, Restaurant.
• Västra Bv. 15 | 291 31 Kristianstad
  Tel. 044/20 38 50 | www.firsthotels.com

Die Universität von Lund zählt zu den ältesten und angesehensten in Nordeuropa

LANDSKRONA 10 📖 B6

Die **Festung** aus dem 16. Jh. thront mit ihren vier Wehrtürmen und dem komplett erhaltenen Wassergraben über dem Öresund (www. landskrona.se, im Sommer tgl. 10 bis 16 Uhr). Das **Landskrona Museum** gibt einen Einblick in die Geschichte des Ortes (Slottsgatan, tgl. 12–17, Do bis 20 Uhr).

Reizvoll ist ein Schiffsausflug auf die **Insel Ven,** die man per Mietfahrrad (am Fähranleger) erkunden kann. Im 16. Jh. lebte und forschte hier der Astronom Tycho Brahe, der in seinem Observatorium eine Supernova beobachtete.

LUND 11 ⭐ 📖 B6

An der 1666 gegründeten Universität der Stadt (93 000 Einw.) sind über 40 000 Studenten eingeschrieben. Sie bringen viel Leben in das attraktive mittelalterliche Zentrum rund um den bedeutenden romanischen **Dom,** dessen Bau 1080 begonnen wurde. › mehr S. 16 Punkt **26** Wissenswertes über die Geschichte vermittelt ein Rundgang durch **Kulturen** ⭐, das reich ausgestattete kulturhistorische Freilichtmuseum am Tegnérsplatsen samt Café-Restaurant und Shop (www.kulturen. com, Di–So 12–16, Sa, So 10–16, im Sommer tgl. 10–17 Uhr).

INFO

Lund Tourist Center
● Bangatan 1 | 222 21 Lund
  Tel. 046/359 50 40 | www.visitlund.se

HOTELS

Grand Hotel €€
Gediegenes Traditionshaus – historische Elemente und modernes Design.
● Bantorget 1 | 221 04 Lund
  Tel. 046/280 61 00 | www.grandilund.se

Good Morning Lund €
Preisgünstig, ordentlicher Standard.
● Förhandlingsvägen 4 | 227 61 Lund
  Tel. 046/31 36 30 | ligula.se

HELSINGBORG 12 🏛 B6

Seit der Eröffnung der Öresundbrücke sind die Passagierankünfte in Schwedens größtem Fährhafen von Helsingborg (110 000 Einw.) zwar deutlich zurückgegangen, aber noch immer pendeln Schiffe im 20-Minuten-Takt über die schmalste Stelle des Öresund ins dänische Helsingør. Vom dichten Verkehr auf einer der meistbefahrenen Wasserstraßen der Welt überzeugt man sich am besten vom einstigen Wachturm **Kärnan** aus; dort hinauf führt vom Hauptplatz Stortorget die König-Oscar-Treppe (Juni–Aug. tgl. 10 bis 18, sonst Di–So 11–15 Uhr).

Markant bestimmt das neogotische ziegelrote **Rathaus** (1897) mit seinem 60 m hohen Hauptturm die Silhouette von Helsingborg. Außer einigen Fachwerkhäusern ist die Bebauung sonst eher modern.

Im Jahr 1864 ließ Kronprinz Oscar **Schloss Sofiero** 4 km nördlich der Stadt erbauen. Hoch über dem Öresund blickt man bei guter Sicht hinüber auf das Hamletschloss Kronborg im dänischen Helsingør. Herrlich ist ein Spaziergang durch den Park mit über 10 000 Rhododendren (www.sofiero.se, Schloss Mitte April–Mitte Sept. tgl. 10 bis 18 Uhr, Park tgl. 10–18, in der Nebensaison tgl. 10–16 Uhr).

INFO

Helsingborgs Turistbyrå
• Dunkers Kulturhus | Kungsgatan 11
  252 21 Helsingborg
  Tel. 042/10 43 50
  www.visithelsingborg.com

HALBINSEL KULLEN 13 ⭐ 🏛 B5

In der Steingutstadt **Höganäs** am Beginn der Halbinsel Kullen produzieren viele kleine Töpferbetriebe und Kunsthandwerker farbenfrohes Geschirr in traditionellen und modernen Designs. Die Qual der Wahl hat man im großen Iittala Outlet, wo auch Keramik der Traditionsfirma Höganäs vertreten ist (Gärdesgatan 7, Mo–Fr 10–19, Sa, So bis 17 Uhr).

An der Spitze der Halbinsel weist das lichtstärkste und höchstgelegene (75 m ü. NN) Leuchtfeuer Schwedens den Schiffen den Weg in den Öresund. Vom nahen Parkplatz bieten sich Wanderungen durch das Naturreservat Kullen an.

Die Fischerdörfer **Mölle** auf der Westseite und **Arild** auf der Ostseite der Landspitze haben sich ihren ursprünglichen Charme bewahrt.

HOTELS

Grand Hôtel Mölle €€€
Erlesenes Ambiente bietet diese Nobelherberge von 1909. Gespeist wird im Restaurant Seaside (€€−€€€) oder in der Loungebar (€€).
• 263 77 Mölle
  Tel. 042/36 22 30
  www.grandhotelmolle.se

Rusthållargården €€€
Schönes Hotel, verteilt auf mehrere Villen oberhalb des Örtchens mit weitem Ausblick über das Kattegat.
• 263 73 Arild
  Tel. 042/34 65 30
  www.rusthallargarden.se

SMÅLAND UND BLEKINGE

Småland, das »kleine Land«, ist
reich an Seen und Flüssen

Småland erfüllt die landestypischen Klischees perfekt: weite Wälder mit blauen Seen, rote Holzhäuser, die an Astrid Lindgrens »Bullerbü« erinnern, und gemütliche Städte. Blekinge, Schwedens kleinste Provinz, lockt mit den Schären der Ostseeküste.

Es ist erstaunlich, wie sehr Astrid Lindgrens Kinderbücher unser Bild von Schweden geprägt haben. Doch das ist auch nicht verwunderlich: Da die weltberühmte Autorin aus Småland stammte, spiegelt sich die Landschaft ihrer Heimat auch in ihren Büchern.

Blekinge, die kleinste Landschaft und das kleinste *län* Schwedens, versteckt sich im Südosten an der Grenze zu Skåne. Hier beginnen die Schären der schwedischen Ostseeküste, die sich bis nördlich von Stockholm ziehen. Die kleinen und großen Granitkuppen im Meer erinnern an »Ferien auf Saltkrokan«, eines von Astrid Lindgrens schönsten Kinderbüchern.

Småland war im 18. und 19. Jh. das Armenhaus Schwedens und wie kein zweiter Landstrich von der Auswanderung nach Nordamerika betroffen. Mit den internationalen Erfolgen der småländischen Handwerksbetriebe und Kleinindustrie hat sich das Blatt gewendet: Die zahlreichen Glasbläsereien genießen weltweite Reputation, genauso wie die Möbel der Designer aus Lammhult und Värnamo.

Die meisten Urlauber mieten sich ein Ferienhaus in Småland, um vom festen Standort aus die Glasbläsereien zu besuchen, den Städten einen Besuch abzustatten oder in der Natur aktiv zu sein. Kanu- oder Kajakfahren auf dem See Åsnen, Wandern im småländischen Hochland oder Radeln auf der Insel Visingsö im Vättern gehören zu den populären Aktivitäten.

Wassermühle in Huseby Bruk, einer frühindustriellen Gutsanlage

TOUREN IN DER REGION

IM GLAS- UND MÖBELREICH

ROUTE: Karlskrona › Eriksmåla › Nybro › Kosta › Växjö › Lammhult › Värnamo

KARTE: Seite 70
DAUER: 2–3 Tage, ca. 280 km
PRAKTISCHE HINWEISE:
- Wer beim Glasblasen zuschauen möchte, kann dies in der Regel von Montag bis Freitag zwischen 10 und 16 Uhr tun.
- Für den abendlichen *hyttsill* › S. 75 sollte man vorbestellen.
- Achtung! Zum Hering gehört in Schweden unbedingt Schnaps; das Quartier sollte deshalb nicht zu weit weg liegen!

TOUR-START:
Kreuz und quer auf kleinen Landstraßen führt die Tour durch Småland. Von **Karlskrona** 2 › S. 72 aus erreicht man über Emmaboda die kleine Glashütte Mickejohans Konstglas bei **Örsjö** 5 › S. 76, in der mit einem starken künstlerischen Ansatz gearbeitet wird. Weiter geht es nach **Boda** 6 › S. 76 mit der Glass-Factory, dem neuen Ausstellungs- und Erlebniszentrum rund ums Glas. In **Kosta** 7 › S. 76 wird in ei-

nem riesigen Outletcenter mehr als nur Glas verkauft. Die Stadt **Växjö** 9 › S. 77 lohnt einen Übernachtungstopp – nicht nur wegen des Schwedischen Glasmuseums.

Weiter nach Norden gelangt man in das sogenannte Möbelreich. Die Region nennt sich so wegen ihrer ungewöhnlichen Dichte an kleinen, exklusiven Möbelfabriken. Allein in **Lammhult** 13 › S. 79 gibt es fünf Hersteller, die mit Showrooms oder Shops präsent sind. In **Värnamo** 14 › S. 79 wird an den renommierten Designer Bruno Mathsson erinnert.

EINE RUNDE UM DEN VÄTTERN

ROUTE: Jönköping › Huskvarna › Gränna › Ödeshög › Vadstena › Motala › Askersund › Karlsborg › Hjo › Jönköping

KARTE: Seite 70
DAUER: 2–3 Tage, ca. 350 km
PRAKTISCHE HINWEISE:
- Ein Abstecher auf die Insel Visingsö verlängert die Tour um einen Tag. Für den Besuch der Insel lässt man das Auto am besten in Gränna stehen und leiht sich auf Visingsö ein Fahrrad (Verleih am Hafen, Tel. 070/772 76 67).

• In der Nebensaison verkehrt die Fähre ab Gränna etwa stündlich. Tickets gibt es an Bord (Autoplatzreservierung Tel. 036-10 37 70).

TOUR-START:

Schwedens zweitgrößter See, der Vättern, wird auf dieser Tour einmal umrundet. Zu Beginn wartet ein Stück schwedische Industriegeschichte: Das Streichholzmuseum in **Jönköping** 20 › S. 82 und das Firmenmuseum von Husqvarna › S. 82 mit Motorrädern, Kettensägen, Rasenmähern und Nähmaschinen lohnen einen Besuch. Die E 4 zwischen Huskvarna und Gränna verläuft sehr schön auf dem hohen Ufer des Vättern; die Alternative auf der Landstraße über Ölmstad passiert dagegen schöne, große Bauernhöfe, wie sie für die Gegend typisch sind.

In **Gränna** 21 › S. 83, Schwedens Stadt der Zuckerstangen, beginnt die Panoramastraße, die am Ufer

TOUREN IN SMÅLAND UND BLEKINGE

TOUR ❸

IM GLAS- UND MÖBELREICH

Karlskrona › Eriksmåla › Nybro › Orrefors › Kosta › Växjö › Lammhult › Värnamo

TOUR ❹

EINE RUNDE UM DEN VÄTTERN

Jönköping › Huskvarna › Gränna › Vadstena › Motala › Askersund › Karlsborg › Hjo › Jönköping

A full-page map of Småland und Blekinge with the following labels:

Storsj., Regnaren, Hunn, Ynnaren, Långhalsen, Nynäshamn, Nåttarö, Vreta, Svärta, Torö, Askö, Järflotta, Boxholm, Finspång, Kolmårdens djurpark, Stigtomta, Nyköping, Nynäs, Aspö, Jörö, Öja, Krabbfjord, Långö, Ringsön, Risinge, E 04, Glan, Norrköping, Oxelösund, Söderköping, Tunaberg, Gränsö, Bråviken, Bosjöfj., Motala, Ljungsbro, Roxen, E 04, E 22, Arkö, Aspasafj., Dom, Linköping, Ringarum, Fagnö, S. Finnö, Mjölby, Svaneholm, Yxningen, Åsken, Valdemarsvik, Fångö, Fyrudden, Boxholm, ÖSTER GÖTLAND, Alanden, Valdemarsviken, Kisa, Stora Askö, Östergötland, Löftahamnar, Österbymo, Rydsnäs, Gladhammar, Hasselö, Ireviken, Lickersham, Vimmerby, Ankarsrum, Västervik, OSTSEE, Tjauls, Eksjö, Mariannelund, Skärgården, Eknö, Bro, Visby, Dalhem, Karlstorp, Hultsfred, Kristdala, Vinö, Nygårds, Ädelfors, Målilla, Misterhult, Ärvö, Ölands Norra Udde, Eskelhem, Gotland, Nävelsjö, Bockara, Byxelkrok, L. Karlsö, Lojsta, Högsby, Oskarshamn, Böda, St. Karlsö, Sproge, Rone, Åseda, Blå Jungfrun Nat.-park, Påskallavik, Källa, Löttorp, Kattlunds, Nottebäck, Grönskara, Vanö, Ådesjö, Lenhovda, Alsterbro, Ålem, Föra, Storsudret, Hamra, Alsterån, Borgholm, Löt, Kosta, Gullaskruv, Orrefors, Kristvalla, Öland, Hovmantorp, Ekeberga, Nybro, Åby, Bredsätra, Störlinge, Boda, Gärdslösa, Lessebo, Eriksmåla, Örsjö, Kalmar, Lerkaka, Rävemåla, Emmaboda, Karlslunda, Hagby, Färjestaden, N. Möckleby, Tingsryd, Kalmarsund, Mörby länga, Stenåsa, Silhövda, Degerhamn, Segerstad, Öljehult, Brömsebro, Blekinge, E 22, Eketorp, Fridlevstad, Lyckeby, Kristianopel, Ottenby, Ölands Södra Udde, Ronneby, Karlskrona, Horn, Pukaviksbukten, Gdynia

Route markers: 55, 36, E 04, E 22, 34, 33, 23, 19, 18, 17, 16, 31, 140, 149, 141, 142, 136, 7, 8, 28, 25, 6, 5, 4, 3, 2

Scale: 0 — 30 km

des Vättern bis nach Ödeshög führt. Von Gränna, wo eine Übernachtung ansteht, verkehren Fähren zur weitgehend autofreien Insel Visingsö, die sich mit dem Fahrrad oder per Kutsche *(remmalag)* erkunden lässt. Auch in **Vadstena** `22` ›S. 83 lohnt ein längerer Aufenthalt, denn die Kleinstadt versammelt historische Bauten, unter anderem ein Schloss und das ehemalige Birgitten-Kloster. Vadstena gehört wie das nahe **Motala** `23` ›S. 84 zur Region Östergötland. In Motala mündet der Göta-Kanal in den großen Vättern, und in Motala begann im Mai 1818 der Bau des Kanals, der 1832 fertiggestellt wurde. Beim charmanten Städtchen **Askersund** `24` ›S. 84 ist die Nordspitze des Sees Vättern erreicht, der hier einige Schären wie an der Küste aufweist.

Wichtigster Ort am Westufer des Vättern ist **Karlsborg** `25` ›S. 84 mit seiner riesigen Festung aus dem 19. Jh. Hier beginnt jener Abschnitt des Göta-Kanals, der den Vätter- und den Vänersee miteinander verbindet. Nicht versäumen sollte man auch einen Besuch im benachbarten **Forsvik** `26` ›S. 84, wo sich die älteste Schleuse des Kanals befindet. Im örtlichen Industriemuseum wurde jüngst ein Schaufelraddampfer aus dem Jahr 1848 mit alten Handwerkstechniken neu aufgebaut. Der nächste (Übernachtungs-)Stopp ist **Hjo** `27` ›S. 84, das über eine schöne Altstadt mit historischen, üppig mit Schnitzereien verzierten Holzhäusern verfügt. Über die hohen Ufer bei Bankeryd geht es anschließend zurück nach Jönköping.

WICHTIGE ADRESSEN

Bei der Reiseplanung helfen die Webseiten der regionalen **Tourismusverbände:**
- www.visitsmaland.se/de
- www.visitblekinge.se
- www.visitostergotland.se

UNTERWEGS IN DER REGION

MÖRRUM `1` 📖 C5

In Anglerkreisen genießt dieser Ort Weltruhm, denn der gleichnamige Fluss ist das südlichste Lachsgewässer Nordeuropas, dessen Fische ob ihrer Größe mehrmals im Guinnessbuch der Rekorde landeten. Im Ort kann man im **Laxens Hus** nicht nur Angellizenzen erwerben, sondern auch mit etwas Glück durch die Unterwasserfenster Fische die Lachstreppe hinaufspringen sehen

(Tel. 04 54/501 23, www.sveaskog. se/morrum, April–Sept. Mo–Sa 9 bis 17, So 10–15 Uhr). Im Restaurant Kronolaxen (€) gibt es den Fisch in vielen Variationen.

KARLSKRONA `2` ⭐ 📖 C5

Die Stadt (38 000 Einw.) wurde 1680 als Liegeplatz für die schwedischen Kriegsschiffe gegründet, weil der Hafen hier nahezu eisfrei bleibt. Seitdem ist Karlskrona der wichtigste Marinestützpunkt des Landes. Noch bis in die 1990er-Jahre hinein durfte er von Ausländern nicht besucht werden. Die historischen Militäranlagen gehören heute zum UNESCO-Weltkulturerbe.

Das **Schwedische Marinemuseum** zeigt natürlich Schiffe – v. a. das jahrhundertealte Wrack der »Göta Lejon«, die als Unterwasserexponat von einem verglasten Tunnel aus zu sehen ist. Der Komplex umfasst zudem das weltälteste Trockendock, Schiffsschmieden und diverse Bastionen (www.marinmuseum.se, Di bis So 10–16, Juni–Aug. tgl. 10 bis 18 Uhr, Mai, Sept. tgl. 10–16). › mehr S. 16 Punkt ㉗

Sehenswert sind auch die beiden Kirchen der Stadt im italienischen Barockstil, geplant von Hofarchitekt Nicodemus Tessin d. J. (1654–1728), nach dessen Plänen auch das Stockholmer Schloss gebaut wurde..

Die südliche Schärenküste vor Karlskrona ist ein Paradies für Segler. Ansonsten empfiehlt sich die Rundfahrt mit dem Sightseeingboot »Gåsefjärden« ab Fisketorget (Tel. 04 55/783 30, nya.affarsverken.se/skargardstrafiken). Am Fisketorget informiert das **Blekinge Museum** über Schwedens kleinste Provinz (www.blekingemuseum.se, Juni bis Aug. tgl. 10–18, sonst Di–Fr 11–17, Sa, So bis 16 Uhr, gratis).

INFO

Karlskrona Turistbyrå
• Stortorget 2
  371 34 Karlskrona
  Tel. 04 55/30 34 90
  www.visitkarlskrona.se

Geschichtsträchtig ist Schloss Kalmar

HOTELS

Clarion Collection Hotel Carlscrona €€
Zentrumsnahes, modernes Mittelklassehotel mit Restaurant und Bar.
• Skeppsbrokajen | 371 33 Karlskrona
  Tel. 04 55/36 15 00
  www.nordicchoicehotels.com

First Hotell Statt €€
Edles Haus vom Ende des 19. Jhs. im Stadtkern mit bestem Service.
• Ronnebygt. 37–39 | 371 33 Karlskrona
  Tel. 04 55/555 50 | www.firsthotels.com

KALMAR ❸ ⭐ ▮ D5

Die hübsche alte Stadt mit 40 500 Einw. (www.kalmar.com) präsentiert sich am beeindruckendsten, wenn man sie mit dem Segelschiff ansteuert, denn das **Schloss** ⭐ mit seinen vier dicken Wehrtürmen thront mächtig über dem Kalmarsund.

1397 hatten sich die nordischen Länder unter Dänenkönigin Margarete I. dort zur Kalmarer Union zusammengeschlossen. Gustav Vasa ließ die Anlage in der ersten Hälfte des 16. Jhs. im Stil der Renaissance ausbauen. Im Museum sieht man das prächtige Gemach Eriks XIV. (www.kalmarslott.se, tgl. 10–16/18, Juni–Okt. Di, Mi, Do bis 20 Uhr).

Die Stadt selbst wurde 1647 mit Wallanlagen planmäßig auf der Insel Kvarnholmen angelegt. Teile der Originalbebauung sind erhalten. Nördlich davon entstand auf der ehemaligen Werfteninsel Varvsholmen ein modernes Stadtviertel, das einen gelungenen Kontrast zum historischen Zentrum bildet.

Im **Kalmar Läns Museum** am Hafen steht das Kriegsschiff »Kronan«, das 1676 bei einer Schlacht vor Öland sank. In den 1970er-Jahren wurden Wrackteile mitsamt der kostbaren Ausstattung geborgen (www.kalmarlansmuseum.se, Sommer tgl. 10–17, sonst Mo–Fr 10–16, Sa, So ab 11 Uhr).

HOTELS

Slottshotellet €€€
Romantikhotel; Blick auf Schloss und Sund.
• Slottsvägen 7 | 392 33 Kalmar
Tel. 04 80/882 60
www.slottshotellet.se

Calmar Stadshotell €€
Weißer Jugendstilpalast am Marktplatz mit hellen, modernen Zimmern.
• Stortorget 14 | 392 32 Kalmar
Tel. 04 80/49 69 00 | ligula.se

Nya Frimurarehotellet €€
Liebevoll restaurierte Stadtvilla mit geräumigen Zimmern; Fahrradverleih.

• Larmtorget 2 | 392 32 Kalmar
Tel. 04 80/152 30
www.frimurarehotellet.se

Kalmar Hotell Svanen €
Budgethotel und Jugendherberge.
• Rappegatan 1 | 392 30 Kalmar
Tel. 04 80/255 60 | www.hotellsvanen.se

RESTAURANT

Källaren Kronan €€
Im urigen Gewölbekeller kann man gut speisen, besonders günstig mittags.
• Ölandsgatan 7 | 392 31 Kalmar
Tel. 04 80/41 14 00
www.kallarenkronan.com | Mo. geschl.

IM GLASREICH

NYBRO 4 ▮ D5

In der Glashütte **Pukeberg** in Nybro entstanden zwischen 1930 und 1960 die gläsernen Leuchtreklamen, die als Kopf auf den Zapfsäulen der Tankstellen saßen. Heute gehört die einstige Glashütte zur Linné-Universität von Kalmar und Växjö. Hier lernen angehende Designer mit Glas zu arbeiten.

Es gibt Wechselausstellungen im Backsteingebäude der Glashütte, einem schönen Beispiel für die Industriearchitektur des 19. Jhs., *hyttsill*-Abende › S. 75, Ateliers und einen Shop (www.visitpukeberg.se).

UNTERKUNFT

Nybro Vandrarhem €
Recht einfache Herberge, aber angenehm. 40 Zimmer in zwei Kategorien.
• Vasagatan 22 | 382 32 Nybro
Tel. 04 81/109 32
nybrovandrarhemmet.se

GLASKUNST & KULINARISCHES

Glaskunstbläserei in Form eines Fisches von Kosta Boda

Einst dort entstanden, wo es genug Brennholz für die Schmelzöfen gab, ist das *Glasriket* in Småland rund um Kosta seit 400 Jahren Zentrum der schwedischen Glasherstellung. Berühmt sind die Erzeugnisse heute wegen ihrer innovativen Formgebung. Schon 1916 erkannte die Hütte von Orrefors die Bedeutung des Designs für den Erfolg eines Produkts und beauftragte den Maler und Buchillustrator Edvard Hald mit der künstlerischen Leitung. Seitdem haben die Bläsereien Generationen von Designern an sich gebunden. Nach den eher strengen Formen der 1950er-Jahre brachte v. a. Bertil Vallien ab 1963 frischen Wind in die Glasgestaltung. Er gilt als Lichtgestalt der internationalen Szene, seine Werke werden weltweit ausgestellt. Der 4 m hohe Altar aus Glas im Dom von Växjö › S. 77 ist eines seiner Meisterwerke.

HYTTSILL IM GLASREICH

Feierabend im Glasreich. In den heißen Kammern, in denen tagsüber die Objekte von über 1000 °C Hitze allmählich heruntergekühlt werden, wird nun *hyttsill* − Hering nach Glashüttenart − gegart, wie früher, als die Arbeiter ihr Abendbrot in den Öfen zubereiteten. Einheimische wie Touristen lassen sich die småländische Hausmannskost mitten in der rauchig-warmen Glasbläserei gut schmecken. Es gibt *isterband,* eine kräftige Wurst, Salzhering sowie überbackene Kartoffeln, und zum Nachtisch leckeren *ostkaka* − eine Art Käsekuchen − mit Preiselbeeren. Musik und Gesang gehören natürlich auch dazu, ebenso wie eine Glasbläservorführung.

Infos dazu, aber auch rund um das Glasreich:

• **Glasriket AB**
Tel. 04 81/ 452 15 | www.glasriket.se

ÖRSJÖ 5 D5

Der einstige Glasmeister von Orrefors, Micke Johansson, eröffnete
2011 in Örsjö seine eigene Glashütte: **Mickejohans Konstglas.** Er produziert für andere Künstler, gestaltet
aber auch eigenes Kunstglas. In dieser kleinen, nicht industriell betriebenen Glasmanufaktur stehen Qualität, Handwerk und Kreativität im
Vordergrund. Sie liegt etwa 2 km
außerhalb der Siedlung Örsjö (Örsjö
134, www.mickejohankonstglas.se,
Mo–Fr 10–17, Sa bis 14 Uhr).

BODA 6 C5

Im Lauf der Jahrhunderte sind im
östlichen Småland viele Glashütten
entstanden und wieder stillgelegt

TIERBEOBACHTUNG

- Lachse kann man im **Laxens Hus**
  in Mörrum beobachten, wo sie
  über eine Lachstreppe den Fluss
  hinaufspringen. > S. 72
- Mit hundertprozentiger Sicher-
  heit sieht man einen Elch in den
  Freigehegen des **Grönåsen Elchpark** bei Kosta. > S. 77
- Elchreich ist auch der **Naturpark
  Hunneberg.** Alle zwei Jahre findet hier die königliche Elchjagd
  statt. Von Aussichtspunkten kann
  man die Tiere in freier Wildbahn
  erspähen. > S. 106
- Der südlichste Punkt der Insel
  Öland beim **Leuchtturm Långe
  Jan** ist ein Paradies für Vogel-
  freunde. > S. 141

worden. Auch in den letzten zwei
Jahrzehnten hat sich viel verändert
im Glasreich. Einstige Konkurren-
ten wie Orrefors und Kosta Boda
fusionierten bereits 1989, und 2005
übernahm ein Investor die Gruppe.
2013 wurde die Glashütte im Örtchen Orrefors geschlossen und verkauft. Glas der Marke Orrefors wird
seitdem in Kosta, aber auch im Ausland hergestellt.

Am Standort der ehemaligen
Glasbläserei im Örtchen Boda bei
Emmaboda hingegen ist wieder
Neues entstanden: **The Glass-
Factory** ⭐ wurde 2011 eröffnet.
Die Ausstellung dürfte mit 40 000
zeitgenössischen und historischen
Objekten eine der größten Skandi-
naviens zum Thema Glas und
Kunst sein. Hier wirken einige der
ganz großen Glaskünstler, wie z. B.
Monica Backström, Rolf Sinne-
mark, Åsa Jungnelius und Kjell
Engman. Die Produktion in den
Ateliers und in der Glasbläserei ist
offen für Besucher: Es gibt wech-
selnde, »Glasshow« genannte Vor-
führungen von Künstlern, ferner
Kurse, *hyttsill*-Abende und einen
Shop (Storgatan 5, Boda Glasbruk,
Tel. 04 71/24 93 60, www.theglass-
factory.se).

KOSTA 7 C5

Schwedens älteste noch produzie-
rende Glashütte **Kosta** ⭐ wurde
im Jahr 1742 von den Bezirksvorste-
hern Koskull und Staël gegründet,
die Anfangsbuchstaben ihrer Namen bilden den Firmennamen. Unbedingt sehenswert ist die Ausstellung: Neben den Produkten verdient

insbesondere die kleine historische Sammlung Aufmerksamkeit. In der großen Verkaufshalle erhalten Sie Produkte aller Hütten des Konzerns Orrefors-Kosta-Boda (Stora Vägen 96, www.kostaboda.se, Mo–Fr 10 bis 17, Sa, So bis 16 Uhr).

Empfehlenswert ist auch der Besuch der kleinsten Glasreichhütte, **Transjö Hytta,** mit Ausstellung und Shop, 7 km südlich von Kosta idyllisch am Fluss Lyckebyå gelegen (Transjö, www.transjohytta.com).

Südwestlich von Kosta leben im Freigehege von **Grönåsen Elchpark** mehrere Elchfamilien – darunter das Paar Carl Gustaf und Silvia. Dazu gibt es eine Elchausstellung und einen Shop (www.moosepark.net, Juni–Aug. tgl. 10–18, sonst 11 bis 16/17 Uhr).

HOTELS

Kosta Boda Art Hotel €€€
Topmodernes Design- und Wellnesshotel mit Glaskunst sogar im Pool.
• Stora Vägen 75
   365 43 Kosta
   Tel. 04 78/348 30
   www.kostabodaarthotel.com

Kosta Lodge €
Einfaches, schön gelegenes Hotel mit Restaurant und *hyttsill*-Abenden.
• Stora Vägen 2
   360 52 Kosta
   Tel. 04 78/59 05 30
   www.kostalodge.se

HOVMANTORP 8 ▯ C5

Zu den Erzeugnissen der Glashütte **Sandvik** (Tel. 04 78/405 15) gehörten u. a. die preisgekrönten Nobel-

Gläser des Glasdesigners Gunnar Cyrén. Sie zieren die Tafel beim Bankett anlässlich der jährlich in Stockholm stattfindenden Nobelpreisverleihungen.

Seit der Fusion mit der Glashütte Bergdala dient die **Strömbergshyttan** (ca. 4 km östlich, Tel. 04 78/310 55) als Shop. Die Erfolgsserie »Studioglas«, ein farbenfrohes, verspieltes, von Designern entworfenes Gebrauchsglas von hoher handwerklicher Qualität, wird in **Bergdala** weiter produziert (ca. 10 km nordöstlich).

VÄXJÖ 9 ⭐ ▯ C5

Seit dem 12. Jh. ist die Stadt (68 000 Einw.) ein wichtiges geistiges Zentrum, deren Hochschule an die Tradition der Domschulen anknüpft. Der **Dom** mit seinem von zwei spitzen Turmhelmen gekrönten Westwerk ist das bedeutendste Gebäude der Stadt. Er wurde im 12. Jh. erbaut und mehrfach geändert und saniert, zuletzt 1995. Heute ist das Gotteshaus hell und licht; bemerkenswert ist der 2003 von Bertil Vallien geschaffene Glasaltar.

Mehrere sehenswerte Ausstellungen bietet der Museumskomplex **Kulturparken Småland.** Den Exodus der Bevölkerung im 19. Jh. dokumentiert darin das Utvandrarnas Hus. Das Schwedische Glasmuseum gibt einen umfassenden Überblick zur Geschichte der regionalen Glasherstellung (Södra Järnvägsgatan 2, www.kulturparkensmaland.se, Juni bis Aug. tgl. 10–17, Sept.–Mai Di bis Fr 10–17, Sa, So 11–16 Uhr).

INFO

Växjö Turistbyrå
- Stortorget | 352 33 Växjö
  Tel. 04 70/73 32 80
  www.vaxjoco.se

UNTERKÜNFTE

Teleborgs Slott €€–€€€
Romantikhotel aus dem 19. Jh. mit mittel-alterlichem Rheinburgen-Flair.
- 5 km südl. von Vaxjö am Trummensee
  Tel. 04 70/34 89 80
  www.teleborgsslott.se

Clarion Collection Hotel Cardinal €€
Ruhiges Haus in der Fußgängerzone, im Kino von 1929. Restaurant mit interna-tionaler und schwedischer Küche.
- Bäckgatan 10 | 352 30 Växjö
  Tel. 04 70/72 28 00
  www.nordicchoicehotels.com

Vandrarhem Växjö €
Gästehaus mit dem Flair der Zeit um 1900. Teils Mehrbettzimmer.
- Evedals Brunn | 352 63 Växjö
  Tel. 04 70/630 70
  www.vaxjovandrarhem.se

RESTAURANT

PM & Vänner €€€
Gehört zur schwedischen Topliga. Hat seit 2016 einen Michelinstern und war 2017 »Grand Award Winner« des Wine Spectator. Das passende Hotel wurde gleich nebenan gebaut. Das erste »Restaurant-Hotel« Schwedens wird betrieben wie seine Gas-tronomie: beste Zutaten aus der Region in reduzierter Form. > mehr S. 13 Punkt ⑪
- Västergatan 10 | 352 31 Växjö
  Tel. 04 70/75 97 00
  www.pmrestauranger.se
  Mi–Sa ab 18 Uhr

AUSFLÜGE VON VÄXJÖ

KRONOBERG ▮ C5

Die imposante Schlossruine Krono-berg (14. Jh.) thront 6 km nördlich von Växjö auf einer Insel im See Helgasjön, zu der eine Brücke hinü-berführt. Bei der Ruine (Mai–Sept. geöffnet) starten im Sommer Fahr-ten mit dem Dampfer »Thor« (Bau-jahr 1887) über den See > S. 97.

HUSEBY BRUK ⑩ ▮ C5

Am Wasserlauf zwischen den Seen Salen und Åsnen, 20 km südlich von Växjö, liegt die frühindustrielle Gutsanlage mit Haupthaus, Werk-stätten, Mühlen, Schmieden, Säge-werk und Arbeiterhütten. Sie ist die größte und älteste ihrer Art in Små-land und zieht heute viele Besucher an (www.husebybruk.se, Juni–Aug. tgl. 11–17 Uhr). Frökens Café/Res-taurant in der alten Molkerei direkt neben dem Gemüsegarten serviert in erster Linie saisonale Gerichte.

IM MÖBELREICH

ÄLMHULT ⑪ ▮ C5

Größte Attraktion der Stadt (11 000 Einw.) ist die abwechslungsreiche Landschaft um den nördlich gelege-nen **Möckelnsee.** Der See sowie der Oberlauf des Helge å sind beliebte Paddelreviere. Vielerorts kann man Kanus leihen, z. B. bei Sjöfors Kanot (Kölaboda 90, Tel. 07 08/11 60 95).

Hier eröffnete 1958 das erste Mö-belhaus von IKEA (seit 2016 IKEA-Museum): Es begann der weltweite Siegeszug der von Ingvar Kamprad (1926–2018) gegründeten Marke.

HOTEL/RESTAURANT

IKEA Värdshuset €–€€
Hotel und Restaurant gegenüber dem IKEA-Museum. Das einzige IKEA-Hotel der Welt hat 254 Zimmer.

• IKEAgatan 1 | 343 36 Älmhult
  Tel. 04 76/64 11 00 | www.ikeahotell.se

RÅSHULT 12 📖 C5

In Råshult, ca. 10 km nördlich von Älmhult, wurde 1707 der Botaniker Carl von Linné › S. 126 geboren. Sein großes Verdienst ist das Werk »Systema Naturae«, das die noch heute geltende Klassifizierung der Flora und Fauna vorstellt. **Linnés Råshult Kulturreservat** erinnert an den großen Forscher; ein Spaziergang auf dem Gelände (ca. 2 Std.) führt durch Wiesen und Obstgärten, die traditionell bewirtschaftet werden. Hier lässt sich studieren, wie die schwedische Landschaft im frühen 18. Jh., also vor der »Agrarrevolution«, ausgesehen hat. Den Garten mit zum Teil seltenen Pflanzen hatte noch Linnés Vater angelegt (www.linnesrashult.se, ganzjährig geöffnet). Auf **Möckelsnäs,** einer nahe gelegenen Halbinsel im Möckelnsee, wurde 2005 eine Orangerie nach Plänen von Linné errichtet. Das Original hatte der Forscher einst in Uppsala erbauen lassen.

LAMMHULT 13 📖 C4

In dem kleinen Ort haben fünf bedeutende Möbelhersteller ihre Produktion, Produktentwicklung und Showrooms, nämlich Lammhults, Norrgavel, Svenssons, Abstracta und Nilssons. Sie liegen hier einträchtig beieinander; werktags sind die Be-

Statue von Carl von Linné (1707–1778), dem berühmten schwedischen Botaniker

sucherbereiche geöffnet (Infos unter www.mobelriket.se).

VÄRNAMO 14 📖 C4

Attraktion der gemütlichen Stadt am Lagan (20 000 Einw.; www.visit varnamo.se) ist das **Bruno Mathsson Center.** Es ist Studio und Galerie des bekannten Möbeldesigners (1907–1988), der im Funktionalismus der 1930er-Jahre seinen Durchbruch hatte (Tånnögatan 17, www.mathsson.se, Mo–Fr 13–16.30 Uhr, gratis; auch Führungen möglich).

Außerhalb der Stadt befindet sich das internationale **Kunst- und Designzentrum Vandalorum.** Wie småländische Scheunen wurde das Ausstellungszentrum von Stararchitekt Renzo Piano für die grüne Wiese konzipiert. Es finden wechselnde Ausstellungen zum Thema Design statt, auch mit Anknüpfung an die Region (Skulpturvägen 2, www.van

dalorum.se, tgl. 11–17 Uhr; auch Shop und Lunch-Restaurant;).

Die **Museumsbahn Ohsabanan,** dampft im Juli und August an wechselnden Tagen südöstlich von Värnamo über die 14 km lange Schmalspurstrecke von Ohs Bruk nach Bor (www.ohsabanan.com).

HOTEL

Scandic Värnamo €€
Designhotel in einem Hochhaus aus den 1950er-Jahren, modernisiert und teils mit Möbeln von Bruno Mathsson eingerichtet.
• Storgatsbacken 20 | 331 30 Värnamo
  Tel. 03 70/65 66 00
  www.scandichotels.se

NATIONALPARK STORE MOSSE ⁴ ▮ C4

Der Nationalpark schützt Schwedens größtes zusammenhängendes Hoch- und Niedermoorgebiet, dessen karge Landschaft an Lappland erinnert. Von Beobachtungstürmen aus erschließt sich die Vogelwelt – besonders viele Arten nisten am See **Kävsjon,** wo auch das Infozentrum liegt. Durch das 7850 ha große Gebiet führen schöne Wanderwege. › mehr S. 12 Punkt ❻ In der Nähe des Haupteingangs in Hillerstorp bietet die Westernstadt High Chaparral Shows und Stunts (www.highcha parral.se, Juni–Aug. tgl. 10–18 Uhr).

GNOSJÖ 15 ▮ B4

Von der Kreativität und Geschäftstüchtigkeit der Småländer zeugen nicht nur Glas- und Möbelreich,

sondern auch in Gnosjö (www.visit gnosjo.se) das **Töllstorp Industriemuseum** mit betriebsfähigen Werkstätten und Wassermühlen, wo seit dem 18. Jh. Draht gezogen wird. Einst produzierte man hier Sicherheitsnadeln oder Fliegengitter, heute sind es vor allem Einkaufswagen und Außendeko (www.hembygd.se/ gnosjo, Mitte Juni–Aug. tgl. 13 bis 16 Uhr, sonst nach Voranmeldung).

UNTERKÜNFTE

Hestravikens Wärdshus €€€
Romantisches Gasthaus mit 40 behaglichen Zimmern, Wellnessbereich und vielfach prämierter Küche.
• Vik | 330 27 Hestra (15 km nördl.)
  Tel. 03 70/33 68 00 | www.hestraviken.se

Vandrarhem Gnosjö €
Einfache, kleine Herberge in schöner Lage direkt am Fluss, mit Kanuverleih.
• Fritidsvägen 6 | 335 32 Gnosjö
  Tel. 03 70/33 11 15
  www.svenskaturistforeningen.se

OSKARSHAMN 16 ▮ D4

Bedeutung für Touristen hat die Werft- und Hafenstadt hauptsächlich wegen der Fähre nach Visby › S. 142 auf Gotland (Destination Gotland, Tel. 07 71/22 33 00, www. destinationgotland.se).

Nördlich des Orts führt der insgesamt 160 km lange Rundwanderweg **Ostkustleden** ins Binnenland.

HOTEL

Best Western Hotel Corallen €€
Modernes Haus in Hafennähe, Zimmer teilweise mit Meerblick.

• Gröndalsgatan 35 | 572 35 Oskarshamn
Tel. 04 91/76 81 81
www.hotelcorallen.se

VÄSTERVIK 17 ◧ D4

In der hübschen Stadt lohnt ein Spaziergang durch das historische Zentrum mit alten Gassen und gut erhaltenen Holzhäusern, die sich
malerisch an einem Ostseearm an-
einanderreihen. Das stille Idyll wird
lediglich im Juni oder Juli durch ein
großes Motorradtreffen aus dem
Schlaf geholt (www.hojrock.se).

ASTRID LINDGRENS VÄRLD – VIMMERBY
18 ⭐5 ◧ D4

Hauptattraktion der charmanten
Kleinstadt Vimmerby ist der Freizeitpark »Astrid Lindgrens Welt«
(www.astridlindgrensvarld.se, Mitte
Mai–Sept. tgl. geöffnet, Juni–Aug.
10–18, sonst bis 17 Uhr.). In der Ge-
burtsstadt der berühmten Kinder-
buchautorin ist nahezu der gesamte
Kosmos ihrer Bücher nachgebaut.
Cafés, Restaurants sowie ein Shop
runden das Angebot ab.

Seit 2007 – dem Jahr des 100. Ge-
burtstags Astrid Lindgrens – gibt es
neben ihrem Geburtshaus **Näs** eine
Ausstellung über ihr Leben (www.
astridlindgrensnas.se).

INFO
Vimmerby Turistbyrå
• Rådhuset 1 | 598 37 Vimmerby
Tel. 04 92/310 10
www.vimmerby.com

Villa Kunterbunt in Astrid Lindgrens Värld

HOTEL
Smålandsbyn €€
So stellt man sich Bullerbü oder Pippi
Langstrumpfs Villa Kunterbunt vor!
• Hultsfredsvägen 34 | 59840 Vimmerby
Tel. 04 92/122 59 | www.smalandsbyn.se

EKSJÖ 19 ⭐ ◧ C4 UND UMGEBUNG

In Smålands Hochland liegt Eksjö
(11 000 Einw.) mit seiner Altstadt in
geschlossener Holzbauweise. At-
traktiv sind die hofartigen Anlagen
mit gezimmerten Laubengängen
und großen Toren, z. B. **Aschanska
Gården.** Auch das **Eksjö-Museum**
in einem der prächtigen Stadthöfe
(mit Jugendherberge und Infobüro)
lohnt den Besuch. Eksjö ist zudem
ein guter Standort für Aktivurlau-
ber. Im **Höglandets Kanotcenter**
südlich des Orts kann man Kanus
mieten (Tel. 070/ 857 01 14), der
Wanderweg Höglandsleden ist ab
Eksjö gut erreichbar. Oder man geht

auf Goldsuche: In **Ädelfors** finden sich in der Regel immer ein paar Körnchen (Tel. 03 83/46 00 00, www.guldvaskning.se).

INFO
Eksjö Turistbyrå
- Österlånggatan 31 | 575 80 Eksjö
  Tel. 03 81/361 70 | www.visiteksjo.se

UNTERKÜNFTE
Stadshotell €
Repräsentationsbau am Markt mit großen Zimmern, ordentlichem Service und Restaurant mit schwedischer Hausmannskost.
- Stora Torget 9 | 575 31 Eksjö
  Tel. 03 81/130 20
  www.eksjostadshotell.se

Vandrarhem Eksjö €
Gästehaus in einem denkmalgeschützten Stadthof aus dem 17. Jh.
- Avallagatan 10 | 575 32 Eksjö
  Tel. 03 81/133 00
  eksjovandrarhem.se

SHOPPING
Qvarnarp Byggnadsvårdsbutik
Im »antiken Baumarkt«, 2 km südlich von Eksjö, findet man alles, um mit Originalteilen aus alten Häusern zu restaurieren.
- Kvarnaps Gård | 575 95 Eksjö
  Tel. 03 81/143 50 | www.qvarnarp.com

AM VÄTTERN

JÖNKÖPING/ HUSKVARNA [20] 🚩 C4
Sicherheitszündhölzer aus Jönköping (98 000 Einw.) waren seit Mitte des 19. Jhs. ein weltweit verbreitetes Qualitätsprodukt; an die 1845 gegründete Zündholzfabrik erinnert das **Tändsticksmuseet** (matchmuseum.jonkoping.se, Juni–Aug. Mo bis Fr 10–17, Sa, So bis 15, Sept. bis Mai Di–So 11–15 Uhr).

Die Geschichte der smålandischen Eisenfabrikation dokumentiert das **Jönköpings Läns Museum,** das auch Werke des für seine Trollbilder bekannten Malers und Kinderbuchillustrators John Bauer zeigt (www.jonkopingslansmuseum.se, Juni–Aug. Mo–Fr 10–17, Sa, So bis 15, sonst Di–Fr 10–19, Sa, So 11–15 Uhr).

Jönköping geht über in die Nachbarstadt **Huskvarna,** wo seit über 300 Jahren die Wasserfälle für die Husqvarna-Werke als Energielieferant dienen. Die Firma, einst königliche Waffenschmiede, ist heute u. a. für ihre Gartenmaschinen bekannt. Das Fabrikmuseum zeigt Produkte aus der Firmengeschichte von Gewehren über Nähmaschinen und Kettensägen bis zu Motorrädern (www.husqvarnamuseum.se, Mai bis Sept. Mo–Fr 10–17, Sa, So 12 bis 16, Okt.–April Mo–Fr 10–15, Sa, So 12–16 Uhr).

INFO
Jönköping Turistbyrå
- Södra Strandgatan 13 | 553 20 Jönköping
  Tel. 07 71/21 13 00
  www.jkpg.com

HOTEL
Elite Stora Hotellet €€€
Nobles Hotel in einem Gebäude aus dem 19. Jh. direkt am Hamnkanal mit sehr schönem Ausblick.
- Hotellplan 3 | 553 20 Jönköping
  Tel. 036/10 00 00 | www.elite.se

RESTAURANT

Sjön €€−€€€

Am Ufer des Vättersees steht das berühmte Restaurant »Der See«, gegründet von Gourmetkoch Tommy Myllymäki. Unprätentiöser Lunch, festliches Dinner.

- Östra Storgt. 173 | 554 52 Jönköping
  Tel. 036/332 05 50 | www.sjon.se
  So und Montagabend geschl.

SHOPPING

Ein Abstecher führt ins Einkaufszentrum **A6 Center** im Gewerbegebiet an der Autobahn E 4 (asecs.se, Mo−Fr 10−20, Sa bis 18, So 11−17 Uhr).

GRÄNNA 21 ▌ C4

Von hier kommen die rotweißen Zuckerstangen aus Pfefferminz, die dank Pippi Langstrumpf Kinder in aller Welt kennen. › mehr S. 17 Punkt **34** Das **Andréemuseet** erinnert an den Polarforscher Salomon August Andrée (1854–1897), der 1897 vergeblich versuchte, mit einem Gasballon zum Nordpol zu fliegen. Im Sommer relaxt man am Sandstrand nahe beim Hafen oder erkundet die Insel **Visingsö** › Tour 4, S. 69.

HOTEL

Hotel Amalias Hus €€€

Romantisches Hotel, verteilt auf mehrere Gebäude mitten in der Altstadt.

- Brahegatan 2 | 563 32 Gränna
  Tel. 03 90/413 23 | www.amaliashus.se

RESTAURANT

Gyllene Uttern €€−€€€

Restaurant des schmucken gleichnamigen Hotels; große Fischkarte.

- 563 92 Gränna | Tel. 03 90/108 00
  www.gylleneuttern.se

VADSTENA 22 ⭐ ▌ C3

Die idyllisch am Vättersee gelegene Kleinstadt (5600 Einw., www.visit ostergotland.se/vadstena) ist als Wirkungsstätte der hl. Birgitta berühmt, die hier Ende des 14. Jhs. den Birgittinnenorden des Heiligen Erlösers gründete. Das im 15. Jh. erbaute Kloster dient heute als Restaurant und Hotel. Die dreischiffige **Klosterkirche** von 1430 wirkt noch heute, wie Birgitta es einst wünsch-

BUNTE MÄRKTE

- Die schmiedeeiserne Markthalle **Saluhallen** ▌ e2 aus dem 19. Jh. am Kungstorget in **Göteborg** ist allein schon eine Sehenswürdigkeit. Im Innern warten Obst-, Gemüse-, Fisch- und Feinkoststände (www.goteborg.com/stora-salu hallen, Mo−Fr 9−18, Sa bis 16 Uhr).
- Der **Apfelmarkt** in Kivik findet am letzten Wochenende im September statt und lockt Tausende Besucher an. › S. 63
- Der Marktplatz **Möllevångstorget** ▌ B6 ist das Synonym für **Malmös** multikulturellen Charme. Hier findet jeden Tag ein Obst- und Gemüsemarkt statt.
- Etwas außerhalb, im Viertel Skärholmen, befindet sich der **Loppmarknad i Skärholmen** ▌ E2, Stockholms größter Flohmarkt, in einem Parkhaus (Fjärdholmsgränd 4, www.loppmarknaden.se, Mo−Fr 11−18, Sa 10.30−16, So 11 bis 16 Uhr, Eintritt Sa, So 15/10 SEK).

te: »einfach, demütig, aber stark«. Am Seeufer erhebt sich das **Wasa-Schloss** aus dem 16. Jh. (Juni–Aug. tgl. 10/11–17/18 Uhr). Im Hof werden im Sommer Opern aufgeführt.

HOTEL

Vadstena Klosterhotel €€€
Stimmungsvolles Ambiente im Gemäuer des ehemaligen Klosters am See. Zum Hotel gehören auch zwei Restaurants.
• Lasarettsgatan 5 | 592 30 Vadstena Tel. 01 43/130 00 | www.klosterhotel.se

MOTALA 23 ▮ C3

Nicht weit von Schwedens erstem Heilbad, dem 1678 gegründeten Medevi Brunn, liegt Motala (32 000 Einw.; www.motala.se) am östlichen Teil des Göta-Kanals › Seitenblick S. 96. Er verbindet den Vättern mit der Ostsee. An seiner Mündung in den Vättern dokumentiert die **Göta Kanalutställning** ⭐ die Geschichte des größten Bauwerks Schwedens (Varvsgatan, Dockanområdet, www.gotakanal.se, Juni–Aug. tgl. 10 bis 17, Mai, Sept. 11–15 Uhr).

Auf dem Marktplatz von Motala erinnert eine Statue an Baltzar von Platen, den Erbauer des Kanals. Von Motala aus kann man eine romantische **Abendkreuzfahrt** mit Essen an Bord über den Vättern genießen (Tel. 0 70/626 02 49, www.kungsverker.se, Mai–Sept. Mi, Fr 19–22 Uhr).

ASKERSUND 24 ▮ C3

Die Kleinstadt am Nordende des Vättern zeigt ein idyllisches Stadtbild mit Holzhäusern und gepflastertem Marktplatz. Sie ist ein idealer Ausgangspunkt für Ausflüge in die Schären des Sees oder in die Wildnis des **Nationalparks Tiveden** ⭐: Das ursprüngliche, 1000 km² große Waldgebiet bietet reizvolle Wanderwege, die immer wieder vorbei an Felsformationen und kleinen Seen führen. Die hier 1856 entdeckte Unterart der **Roten Seerose** wurde als erste Pflanzenart in Schweden geschützt (www.tiveden.se).

KARLSBORG 25 ▮ C3
UND FORSVIK 26 ▮ C3

Mit dem Bau des Göta-Kanals wurde auch die Errichtung der gigantischen **Festung Karlsborg** am Vättern in Angriff genommen. Doch noch vor Beendigung der Arbeiten 1909 hatte sich die militärhistorische Fehlplanung überlebt.

Die älteste eiserne Klappbrücke Schwedens von 1813 kann man in **Forsvik** am Göta-Kanal besichtigen. Dort befindet sich auch die erste Schleuse der Wasserstraße (1813), wo heute ein nettes Café lockt.

HJO 27 ▮ C3

Das Städtchen verfügt über zahlreiche, mit üppigen Schnitzereien verzierte Holzhäuser. Eine Besonderheit ist das **Kurhaus** am Ufer des Vättern. Der Badebetrieb endete zwar in den 1930er-Jahren, die Jugendstilvillen für Kurgäste und die Badeanstalt blieben aber erhalten.

UNTERKUNFT

Röda Stallet B&B €
Kleines, einfaches Haus mit Fahrradverleih und Gemeinschaftsräumen.
• Spakås 4 | 544 94 Hjo Tel. 05 03/1 21 12 | www.rodastallet.se

DIE WESTKÜSTE UND GÖTEBORG

Der Fischerort Smögen an der
Westküste ist das »St. Tropez
des Nordens«

Breite Sandstrände und Dünengürtel tragen der Westküste am Kattegatt den Beinamen schwedische Riviera ein. Deren vitales kulturelles Zentrum ist die Hafenstadt Göteborg, die zweitgrößte Stadt des Landes.

Besonders die vergnügungssüchtige Jugend schwärmt vom sommerlichen Strand- und Nachtleben der Badeorte zwischen Ängelholm und Varberg. Auch die charmante Hafenstadt Göteborg selbst ist eine Reise wert. Das Revier nördlich der Großstadt lässt dann nicht nur Segler in Euphorie verfallen. Tausende von Klippen, Inseln und ungestörten Buchten bilden die Küste der Provinz Bohuslän am Skagerrak. Fischerdörfer und traditionsreiche Kurorte wechseln einander ab. Überall würzt Salz die Luft, und die buckligen, glatten Felsen sind abends von der Sonne des Tages noch warm.

TOUREN IN DER REGION

DIE SCHÖNSTEN BADESPOTS AN HALLANDS KÜSTE

ROUTE: Ängelholm > Båstad > Halmstad > Falkenberg > Varberg

KARTE: Seite 87
DAUER: 1–2 Tage, ca. 165 km
PRAKTISCHE HINWEISE:
- In den schwedischen Ferien (Mitte Juni–Ende Aug.) sind die Hotels an der Küste knapp und teuer, in Göteborg hingegen eher günstig.
- In der Nebensaison hat das Museum in Varberg mit dem »Bockstenmann« montags geschl.

TOUR-START:
Ein gängiges Vorurteil gegenüber dem Norden lautet, dort sei es immer kalt. Dass man in Schweden auch Badeurlaub machen kann, ist für viele eine Überraschung.

Bei **Ängelholm** **1** > S. 89 beginnt die Reihe schöner Strände mit feinem Sand und Dünen. Über die Bjäre-Halbinsel und **Båstad** **3** > S. 89 geht es von hier in Richtung Norden. Im weiteren Verlauf folgt die Tour über **Halmstad** **4** > S. 90 und **Falkenberg** **5** > S. 90 der Küstenlinie bis nach **Varberg** **6** > S. 90. Die sie säumenden Orte sind bei schwedischen Urlaubern populäre Badeziele. Es lohnt, einen der Orte zum Übernachten anzusteuern, an einem der Strände vorbeizuschauen, sei es zu einem Sprung ins Kattegatt oder für einen Spaziergang in der Nebensaison. In der Hauptsaison sind die berühmten Strände nichts für Urlauber, die Ruhe suchen. Während der schwedischen Ferien haben sogar ansonsten eher verschlafene Kleinstädte wie Falkenberg ein Nachtleben, das den Vergleich mit Sylt nicht scheuen muss. Für Familien sind die Strände bei Tylösand › S. 90 gut geeignet, die höchsten Dünen findet man bei Skrea Strand nahe Falkenberg. Die Städte bieten aber auch jenseits der Strände etwas. In Halmstadt sind einige schöne Bauten aus der Renaissancezeit erhalten. Das Zentrum von Falkenberg prägen historische Holzhäuser, und in der Laurentiuskirche gibt es romanische und gotische Fresken zu entdecken. In Varberg führt ein Besuch auf die Festung und zur berühmten Moorleiche des »Bockstenmanns«.

TOUR 6

INSELHOPPING IN BOHUSLÄN

ROUTE: Göteborg › Kungälv › Marstrand › Stenungsund › Tjörn › Orust › Flatön › Lysekil › Smögen › Fjällbacka › Grebbestad › Tanum

KARTE: Seite 88
DAUER: 2–3 Tage, ca. 300 km
PRAKTISCHE HINWEISE:
• Es gibt so viele nette Orte, die einen Stopp lohnen, dass man

TOUR AN DER WESTKÜSTE (SÜD)

TOUR 5

DIE SCHÖNSTEN BADESPOTS AN HALLANDS KÜSTE

Ängelholm › Båstad › Halmstad › Falkenberg › Varberg

die Tour von vornherein auf mehrere Tage ausdehnen sollte.

- Die Öffnungszeiten der Museen sind in der Nebensaison eingeschränkt.
- Die Fähren zur Insel Flatön und über den Gullmarnfjord sind gratis und pendeln etwa alle 20 Min.
- Eine Karte aller Verbindungen an der Westküste finden Sie auf der Webseite www.vastsverige.com

TOUR-START:

Ab Varberg gehen die Sandstrände in felsige Küste über. Hier beginnt die Schärenlandschaft, deren Granitkuppen Wind und Wellen rund geschliffen haben. Charakteristisch für die Küste von Bohuslän nördlich von **Göteborg** 7 › S. 91 sind die Fischerdörfer, deren Holzhäuser sich in windgeschützte Buchten schmiegen. Mit dem Rückgang der Fischbestände wurden aus vielen dieser Häuser Feriendomizile.

Erstes Ziel der Tour ist die bei Tagesausflüglern beliebte autofreie Insel **Marstrand** 8 › S. 98 mit schönen historischen Holzhäusern; über den schmalen Sund gelangt man mit einer Fußgängerfähre.

Brücken verbinden die großen Inseln **Tjörn** 11 › S. 98, wo man keinesfalls das Nordische Aquarellmuseum in Skärhamn versäumen sollte, und **Orust** 12 › S. 98 mit dem Festland. Vom Übernachtungsort Ellös › S. 98 im Westen von Orust gelangt man per Fähre auf die abgelegene Insel Flatön. Eine einspurige Straße führt über das einsame Eiland zum gegenüberliegenden Fähranleger in Dragsmark. Eine weitere Fähre bringt einen zurück aufs Fest-

TOUR AN DER WESTKÜSTE (NORD)

TOUR 6

INSELHOPPING IN BOHUSLÄN

Göteborg › Kungälv › Marstrand › Stenungsund › Tjörn › Orust › Flatön › Lysekil › Smögen › Fjällbacka › Grebbestad › Tanum

land, wo die hübschen Orte **Lysekil** 14 › S. 99 und **Smögen** 15 › S. 99 zum Bleiben einladen.

Überaus malerisch liegt **Fjällbacka** 18 › S. 100 am hoch aufragenden Felsmassiv des Vetterbergs; in diesem Küstenidyll verbrachte einst auch die schwedische Schauspielerin Ingrid Bergman ihre Urlaube. Eine Besonderheit der Region sind die frühzeitlichen Felsritzungen *(hällristningar)*, deren Fundstellen an den Landstraßen ausgeschildert sind. Neben einem der größten Felder mit Felsritzungen wurde in Vit

lycke bei **Tanumshede** 20 › S. 101 ein sehenswertes Museum gebaut.

WICHTIGE ADRESSEN

Gute Infos bieten die Webseiten der regionalen **Tourismusverbände:** www. halland.se und www.vastsverige.com

VERKEHRSMITTEL

Flughäfen: Der Landvetter Airport (www. swedavia.se, ca. 25 km östl. von Göteborg) verbindet die Region via Kopenhagen mit größeren Flughäfen im deutschsprachigen Raum; eine Alternative ist der Säve Airport bei Göteborg (www.saveflygplats.com).

UNTERWEGS AN DER WESTKÜSTE

ÄNGELHOLM 1 📖 B5

Die Stadt Ängelholm (29 500 Einw.; engelholm.com) an der Mündung des Rönne å ist der südlichste der wegen ihrer Sandstrände beliebten Badeorte an der Westküste. Hier gibt es zudem noch Süßwasserbadeseen wie den **Västersjön.**

HOTEL

Margretetorps Gästgifvaregård €€–€€€
Zwischen Ängelholm und Båstad gelegenes stilvoll-edles Hotel in einem typisch skånischen Hof.
• 26698 Hjärnarp | Tel. 04 31/45 44 50
　www.margretetorp.se

BJÄREHALVÖN 📖 B5

Die Landzunge schiebt sich mit ihren Steilküsten ins Kattegat. Nördlich davon schließen sich nahezu

ununterbrochen über etwa 100 km Länge Sandstrände bis nach Varberg an. Bei schönem Wetter lässt sich vom Fischerstädtchen **Torekov** 2 📖 B5 ein Bootsausflug zur unbewohnten **Insel Hallands Väderö** unternehmen, die als Naturschutzgebiet ausgewiesen ist.

Die Kleinstadt **Båstad** 3 📖 B5 (5700 Einw.; www.bastad.com) am Rand der Halbinsel Bjäre ist bei Tennisfans eine feste Größe, denn hier findet alljährlich das ATP-Turnier »Swedish Open« statt.

Traurige Berühmtheit erlangte der 8,7 km lange Bahntunnel **Hallandsåstunneln,** der seit seiner Inbetriebnahme im Dezember 2015 nun den Höhenzug Hallandsåsen durchschneidet. Seit dem Baubeginn 1993 machten der Berg den Tunnelspezialisten und Umweltskandale dem Bauunternehmen zu schaffen.

CAMPING

First Camp Torekov

An der Landspitze; auch Hütten.

- 269 76 Torekov | Tel. 04 31/36 45 25
  www.firstcamp.se

HALMSTAD 4 ▮ B5

Die Stadt (69 000 Einw.) ist zum Shoppen wie zum Flanieren geeignet. Besonders an Sommerabenden herrscht hier reges Treiben. Typische Gebäude der Gegend versammelt das **Freilichtmuseum Hallandsgården** (Sofiavägen, Juni bis Mitte Aug. 11–17 Uhr; mit Café).

Ein Geheimtipp zum Baden ist die bei Einheimischen beliebte »Playa« des Nachbarörtchens **Tylösand.**

INFO

Halmstads Turistbyrå

- Köpmansgatan 20 | 302 42 Halmstad
  Tel. 035/12 02 00
  www.destinationhalmstad.se

HOTEL

Hotel Tylösand €€€

Modernes Hotel mit Feinschmeckerrestaurant und Wellnessbereich in Strandnähe. Partys in »Leif's Lounge« machen die Hausbar besonders am Wochenende zu einem beliebten Nachtklub.

- Tylöhusvägen 28 | 302 73 Halmstad
  Tel. 0 35/305 00 | www.tylosand.se

RESTAURANT

Fridolfs Krog & Bar €€

In dem rustikalen Lokal wird schwedische Küche serviert: Suppen, Fisch, Fleisch und Vegetarisches.

- Brogatan 26 | 302 43 Halmstad
  Tel. 0 35/21 16 66 | www.fridolfs.se

FALKENBERG 5 ▮ B5

Der Badeort (25 000 Einw.; www.falkenberg.se) mit seiner Holzbebauung aus dem 17. und 18. Jh. erschließt sich bei einem Spaziergang über die **Doktorspromenaden** entlang des Flusses. Von der berühmten, 1761 erbauten Zollbrücke kann man fast immer Lachsangler sehen, denn der Ätran gilt als Hallands bester Lachsfluss. Die Blaue Flagge für hohe Wasserqualität weht über drei von den zehn Stränden der Stadt, die meist aus Sand und nur selten felsig sind.

UNTERKÜNFTE

Falkenberg Strandbad €€€

Erstklassiges, modernes Haus am Strand, mit Salzwasserpool und Wellnessbereich.

- Havsbadsallén 2A | 311 42 Falkenberg
  Tel. 03 46/71 49 00
  www.strandbaden.se

Vandrarhem Falkenberg €

Gästehaus, das zum Skrea-Campingplatz gehört und von dessen Freizeitangebot und der nur 300 m vom Strand entfernten Lage profitiert.

- Strandvägen 55 | 311 42 Falkenberg
  Tel. 03 46/171 07 | www.skreacamping.se

VARBERG 6 ▮ B4/5

Die Festung am Hafen ist das Wahrzeichen der Stadt (35 000 Einw., www.visitvarberg.se). In den Kasematten des 17. Jhs. befindet sich ein **Museum zur Stadtgeschichte,** in dem man u. a. den »Bockstensmann«, eine Moorleiche aus dem 14. Jh. mit vollständig erhaltener

Kleidung, bestaunen kann (in der Hauptsaison tgl. 10–18, sonst Di–Fr 10–16, Sa, So 12–16 Uhr).

Aus Varbergs Zeiten als mondäner Badeort zu Beginn des 20. Jhs. stammt die auf Pfählen ins Meer gebaute Badeanstalt **Kallbadhuset** und die Promenade, die heute noch Flaniermeile ist. Frischer Fisch aus dem Kattegat, aber auch Obst, Gemüse, Blumen und allerlei Nützliches gibt's auf Varbergs Markt auf dem Torget (Mi und Sa).

Auf dem Hochhaus Utkiken am Hafen Lilla Bommen gibt es eine Aussichtsplattform

HOTEL

Varbergs Stadshotell & Asia Spa €€–€€€
Freundliches Stadthotel, nur 500 m von Strand und Hafen entfernt.
• Kungsgatan 24 | 432 41 Varberg
  Tel. 03 40/69 01 00
  www.varbergsstadshotell.com

RESTAURANT

Fästningsterrassen €€
In der Festung Varberg liegt dieses Sommerrestaurant mit schöner Aussicht auf das Kattegat.
• Strandpromenaden | 432 44 Varberg
  Tel. 03 40/105 81
  www.fastningsterrassen.se

GÖTEBORG 7 ⭐ ▮ A4

Als Ankunftshafen für viele Schwedentouristen ist die 1621 gegründete Seehandelsstadt (640 000 Einw.) mehr als ein bloßes Etappenziel. Maritim und weltoffen gibt sie sich; von Mai bis Oktober sind die Straßencafés an der »Aveny« immer gut besucht. Gustav II. Adolf holte um 1620 Holländer ins Land, die im Mündungsgebiet des Göta älv ein System von Kanälen anlegten, das noch heute das Stadtbild prägt. Göteborg von den Kanälen aus genießen kann man am besten bei einer knapp einstündigen Rundfahrt auf dem Wasser im flachen Paddanboot, die von der Brücke Kungsportsbron am nördlichen Ende der Kungsportsavenyn startet (Tel. 031/60 96 70, www.stromma.se, April bis Okt. stdl., ab 15 Uhr freie Fahrt mit dem Göteborg Pass).

Der **Göteborg Pass** bietet zahlreiche Vergünstigungen und kostenlose Nutzung der öffentlichen Verkehrsmittel (Pass Erw. ab 375 SEK, Kinder ab 275 SEK. Alle Infos unter www.gothenburgpass.de).

RÖHSSKA MUSEUM Ⓐ

In der Nähe der so beliebten wie belebten Flaniermeile Kungsportsavenyn, kurz »Aveny« genannt, gibt dieses Museum für Gestaltung und Form einen sehr guten Überblick über die Entwicklung des schwedischen Gebrauchsgüterdesigns im 20. Jh. Zudem bietet das Haus Ausstellungen mit Kunsthandwerk aus aller Welt (www.rohsska.se, Di, Mi 11–18, Do bis 20, Fr–So bis 17 Uhr, unter 25 Jahren gratis). Das Café im Eingangsbereich schließt 30 Min. vor dem Museum.

KONSTMUSEET Ⓑ ★

Am Götaplatsen, von dem aus man einen schönen Blick über die City hat, liegt das bedeutende Kunstmuseum mit vielen berühmten Werken der Skagenmaler und Bildern von Edvard Munch, Carl Larsson, Anders Zorn u. v. a. Weiterhin zeigt das Museum Wechselausstellungen mit moderner und zeitgenössischer Kunst sowie eine Fotografiesamm-

Ⓐ Röhsska Museum
Ⓑ Konstmuseet
Ⓒ Universeum und Weltkulturmuseum
Ⓓ Liseberg
Ⓔ Ostindiska Huset

lung (www.konstmuseum.goteborg. se, Di, Do 11–18, Mi bis 20, Fr–So bis 17 Uhr).

UNIVERSEUM UND WELT-KULTURMUSEUM ⓒ

Naturwissenschaften lebendig darzustellen ist Ziel des Wissenschaftszentrums im **Universeum.** Besonders beeindruckend ist der Regenwald mit Anakondas, Piran-

has und tropischen Vögeln. Ausstellung und Experimentierwerkstatt machen nicht nur Kindern Lust aufs Entdecken und Lernen (www.uni verseum.se, tgl. 10–18 Uhr).

Nebenan entführt das **Weltkulturmuseum** auf eine interdisziplinäre Entdeckungsreise zu den Kulturen der Kontinente (www.varlds kulturmuseerna.se, Mo–So 11–17, Mi bis 20 Uhr).

Ⓕ Kronhuset　　Ⓖ Göteborgs Maritima Centrum　　Ⓗ Sjöfartsmuseet

LISEBERG D

Der alte Vergnügungspark kann mit klassischen Karussells und modernen Fahrgeschäften, aber auch Konzerten und Tanzveranstaltungen aufwarten. Viele Besucher kommen zudem wegen der schönen Gartenanlagen (www.liseberg.se, Juni bis Aug. tgl. 11/13–22/23 Uhr, Mai, April, Sept.–Dez. wechselnd; großer Weihnachtsmarkt ab Mitte Nov.).

IM ALTEN ZENTRUM

Das Stadtmuseum nutzt die einstigen Kontore und Lagerhallen des **Ostindiska Huset E**, dem 1750 erbauten Haus der Ostindischen Kompanie. Zusammen mit der Sammlung im **Kronhuset F** von 1643 dokumentiert die Ausstellung die Stadtgeschichte (Norra Hamngatan 12, www.goteborgsstadsmuseum.se, Di–So 10–17, Mi bis 20 Uhr).

Stilecht wird im Restaurant des Ostindiska Huset auf chinesischem Porzellan serviert (Tel. 031/13 52 70, www.restauranghamngatan.se, Di bis Fr nur mittags, Afterwork-Party Fr 17–22 Uhr, So Brunch, €).

AM GÖTA ÄLV

Durch die 3,6 km lange, großteils unterirdische Verkehrsader Götaleden hat Göteborg wieder eine attraktive **Uferfront.** Zwischen Lilla Bommens Hamn, dem modernen Opernhaus von 1994 und Museumshafen kann man am Göta älv flanieren. Ein Dutzend Schiffe hat für immer in **Göteborgs Maritima Centrum G** festgemacht, u. a. ein U-Boot und ein Feuerschiff (www.maritiman.se, Mai 11–16, Juni bis

Aug. tgl. 10–18 Uhr). Seefahrtsgeschichte zeigt das **Sjöfartsmuseet H**, und im Aquarium kann man die Nordseefauna kennenlernen (www.sjofartsmuseetakvariet.se, zzt. wg. Renovierung geschl.).

INFO

Göteborgs Turistbyrå
• Kungsportspl. 2 | 411 10 Göteborg
  Tel. 031/368 42 00 | www.goteborg.com

HOTELS

Scandic Europa €€–€€€
Großes, modernes Hotel mit zweckmäßigen Zimmern, Bar, Restaurant und Pool; in Bahnhofsnähe.
• Nils Ericssonsgt. 21 | 411 03 Göteborg
  Tel. 031/751 65 00 | www.scandichotels.se

Hotel Gothia Towers €€
Riesiges Hotel zwischen Messe und Liseberg Vergnügungspark; mit 1200 Zimmern Skandinaviens größtes Hotel.
• Mässans gata 24 | 402 26 Göteborg
  Tel. 031/750 88 00
  www.gothiatowers.com

Hotel Liseberg Heden €€
Zentral, aber ruhig gelegenes Haus.
• Sten Sturegatan 1 | 411 39 Göteborg
  Tel. 031/750 69 00 | www.liseberg.com

Hotel Lorensberg €€
Familiäres Haus nahe dem Götaplatsen. Kleine, aber gut ausgestattete Zimmer.
• Berzeliigatan 15 | 412 53 Göteborg
  Tel. 031/81 06 00
  www.hotel-lorensberg.se

Quality Hotel 11 €€
Modernes lichtes Haus in einer ehemaligen Schiffsbauhalle.

- Maskingatan 11 | 417 64 Göteborg
  Tel. 031/779 11 11
  www.nordicchoicehotels.com

Annes Hus €–€€
Kleine Pension mit nur vier Zimmern und
schönem Garten, in ruhiger Wohngegend
etwas südlich vom Zentrum.
- Hjulmakaregt. 35 | 412 61 Göteborg
  Tel. 031/20 94 00
  www.annes-hus.se

RESTAURANTS

28+ €€€
Für die kreativen Kompositionen gab es
einen Michelinstern; exzellenter Weinkeller
und eigener Käseladen.
- Götabergsgatan 28 | 411 34 Göteborg
  Tel. 031/20 21 61 | www.28plus.se
  So, Mo geschl., nur abends geöffnet

Sjömagasinet €€€
Gehört zu Schwedens Top Ten: schwedische und französische Sterne-Küche,
serviert in einem alten Speichergebäude.
- Klippans Kulturreservat
  414 51 Göteborg | Tel. 775 59 20
  www.sjomagasinet.se | So geschl.

Brasserie Lipp €–€€
Beliebter Treffpunkt mit guter interna-
tionaler Küche.
- Kungsportsavenyn 8
  400 16 Göteborg | Tel. 031/10 58 30
  www.brasserielipp.se | So geschl.

Feskekörka €–€€
Meerestiere in Restaurants und an Ständen
im überdachten Fischmarkt.
- Rosenlundsvägen | 411 25 Göteborg
  Tel. 031/13 73 00
  www.feskekörka.se
  Mo–Fr 10–18, Sa bis 15 Uhr

SHOPPING

Göteborg ist auch ein Einkaufsparadies:
Die interessantesten Geschäfte findet
man entlang der Kors- und der Kungsgatan. Westlich des Hauptbahnhofs lockt der
riesige Shoppingpalast **Nordstan** (www.
nordstan.se, Mo–Fr 10–20, Sa, So bis
18 Uhr). Eine große Sammlung von Kunst
und Krempel auf drei Etagen gibt es in der
Antikhallarna in der Västra Hamngatan
(www.antikhallarna.se).

NIGHTLIFE

Casino Cosmopol
Neben dem Spiel gibt es hier auch Restaurants und Bars (tgl. 11.30–3/5 Uhr).
- Packhusplatsen 7
  411 13 Göteborg
  www.casinocosmopol.se/goteborg

Henriksberg
Bars und Pubs auf mehreren Etagen.
Dachterrasse mit herrlicher Aussicht.
- Stigbergsliden 7
  414 63 Göteborg
  Tel. 031/24 82 00
  www.henriksberg.se

AUSFLÜGE AB GÖTEBORG

VOLVOMUSEUM ▌ A4

Für Liebhaber fabrikneuer Wagen
wie jahrzehntealter Buckelvolvos ist
das **Volvomuseum** auf dem Werks-
gelände des Herstellers in **Torslan-
da** ein Muss. Hierzu fährt man
Richtung Hisingen und auf der Str.
155 in Richtung Öckerö/Torslanda,
von dort ist es ausgeschildert. Oder
man nimmt die Straßenbahn 5, 6
oder 10 bis Eketrägatan, dann Bus
32 Richtung Sörred bis zum Werk

SÜDSCHWEDEN PER BOOT

Auch mit dem eigenen Motor- oder Segelboot darf man den Göta-Kanal befahren

Gigantisch sind die Zahlen: 97 000 Seen, über 220 000 Inseln und eine Uferlinie von ca. 386 000 km entlang aller Gewässer. Denkt man dann noch an die Kanäle und Paddelreviere, ist es kein Wunder, dass Schiffe und Boote in Schweden ganz selbstverständliche und alltägliche Transportmittel sind.

GÖTA-KANAL 🚢 B3–D3

Die historische Wasserstraße hat heute nur noch Bedeutung für nostalgische Passagierschiffe oder Freizeitkapitäne. Über acht Seen und durch 66 Schleusen geht es von Küste zu Küste insgesamt 91 m hoch und wieder hinunter, während Klöster, Königsschlösser, Herrenhöfe und hübsche Orte vorbeiziehen. Wer sich fahren lassen will, kann das mit einem der historischen Schiffe tun, mit denen zweitägige Schnuppertouren oder längere Kreuzfahrten mit Landgängen stattfinden.

• **Rederi AB Göta Kanal**
Tel. 031/80 63 15 | www.gotacanal.se

Den Göta-Kanal kann man auch mit dem eigenen Motor- oder Segelboot befahren. Für Kanus sind dagegen nur bestimmte Abschnitte geeignet. An den Schleusen empfiehlt sich wegen der starken Strömung eher das Umtragen. Eine bequeme Alternative, den Kanal zu erkunden, sind Radtouren am Ufer, die parallel zu den Versorgungswegen führen. Nützliche Informationen geben die Kanalgesellschaft (www.gotakanal.se, Tel. 01 41/20 20 50) und der Kanuverband › S. 30.

NOSTALGIE AUF DEM HELGASJÖN IN SMÅLAND

Schwedens ältestes mit Holz befeuertes Dampfschiff »Thor«, das 1887 gebaut wurde, diente lange als Last- und Passagierschiff auf dem See Helgasjön bei Växjö ▮ C5. Heute fährt die 50 Passagiere fassende »Thor« zwischen Mai und August auf den historischen Routen, u.a. auch durch die alte Schleuse Åby, die ebenfalls aus dem Jahr 1887 stammt. Tickets für die nostalgische Dampferfahrt gibt es bei **Kulturparken Småland** › S. 77 in Växjö, Fahrplan und Touren auf der Website www.biljett kiosken.se/angarenthor (derzeit nur auf Schwedisch).

PADDELTOUR IN DALSLAND

Die Seensysteme in Dalsland gehören zu den vielseitigsten Kanurevieren Schwedens. Hier kann man tagelang unterwegs sein oder nur einige Stunden eintauchen in die waldreiche und dünn besiedelte Landschaft. **Bengtsfors** › S. 109 ist wegen seiner zentralen Lage ein geeigneter Ausgangspunkt. Interessant ist auch die mehrtägige Variante, bei der der Hinweg per Draisine auf der stillgelegten Bahnstrecke zurückgelegt wird und man auf dem Rückweg mit dem Kanu paddelt (Silverlake Canoeing, Brogatan 2, 666 31 Bengtsfors, Tel. 05 31/121 73, www.silverlake.se).

TÖRNS IN DIE SCHÄRENGÄRTEN

In den Schären sowohl vor Göteborg wie auch vor Stockholm leben die Menschen auf Inseln und pendeln jeden Tag mit Linienbooten in die Stadt zur Arbeit. In den Stockholmer Schären betreibt die Reederei **Waxholm** den Linienverkehr, während **Strömma** ein riesiges Ausflugsprogramm ab Göteborg und Stockholm anbietet, etwa rund dreistündige Brunch-Schärenkreuzfahrten mit der historischen »S/S Stockholm« ab Strandvägen (Mitte Jan. bis Mitte Dez. Sa, So 12 Uhr). Bei Touren mit den schnellen »Cinderella-Booten« gelangt man in relativ kurzer Zeit hinaus in die äußersten Schären wie Sandhamn, Möja, Finnhamn oder Gällnö (April–Sept.).

Eine Option für Göteborg ist der vierstündige Bootsausflug ab Lilla Bommen über den Göta älv zur großen Insel Hisingen und zurück durch den Hafen Göteborgs. Als kürzere Alternative empfiehlt sich eine Sonnenuntergangs-Kreuzfahrt in die Schären, nach Marstrand › S. 98, mit den Booten der Reederei Strömma.

Individuelle Touren in die Schären von Göteborg, z.B. zur Leuchtturminsel **Vinga Fyr**, kann man mit Börjessons Sjölaxi & Charterbåtar verabreden.

- **Waxholmsbolaget** ▮ E2
  Strömkajen
  111 48 Stockholm
  Tel. 08/600 10 00
  www.waxholmsbolaget.se
- **Strömma Turism & Sjöfart AB**
  Stockholm ▮ E2 Tel. 08/12 00 40 00,
  Göteborg ▮ A4 Tel. 031/60 96 70
  www.stromma.com
- **Börjessons Sjötaxi & Charterbåtar** ▮ A4
  Båtebacken 1
  430 84 Styrsö
  Tel. 031/97 17 05
  www.borjessons.se

Arendal (Tel. 031/66 48 14, www.volvomuseum.com, Mo–Fr 10–17, Sa, So 11–16 Uhr).

MARSTRAND 8 ▮ A4

Nördlich von Göteborg liegt die autofreie Insel Marstrand. Häuser mit prächtigen Holzschnitzereien im Stil der Wende vom 19. zum 20. Jh. sorgen für einen Hauch mondäner Atmosphäre. › mehr S. 16 Punkt 28

Den Aufstieg zur mächtigen **Festung Carlsten** belohnt ein herrlicher Weitblick. Personen- und Fahrradfähren pendeln regelmäßig zum Festland. Über Tagesausflüge per Boot (ab Lilla Bommen) informiert das Göteborger Turistbyrå › S. 94.

KUNGÄLV 9 ▮ A4

Am Ortsrand von Kungälv (24 500 Einw.) ist die **Festung Bohus** kaum zu übersehen (Mai–Sept. tgl. 10 bis 17/18, sonst Sa, So 11–16 Uhr). Die 1308 auf einem steil aus dem Tal ragenden Fels erbaute Burg gab der Provinz ihren Namen. Im Sommer findet ein Mittelalterfest statt.

LÖDÖSE 10 ▮ B3

Lange vor der Gründung Göteborgs besaß Lödöse den einzigen Hafen an der schwedischen Westküste.

Den Alltag der Menschen im Mittelalter zeigt das **Lödöse Museum** mit über 500 000 Ausgrabungsfunden (www.lodosemuseum.se, Di 9–16, Mi, Fr–So ab 11, Do 9–19 Uhr, gratis). Lebendig wird diese Zeit an einem Samstag Anfang Juni beim Mittelaltermarkt.

DIE INSELN

TJÖRN 11 ▮ A3–A4

Die drei weit gespannten Brücken des **Tjörnleden** führen von Stenungsund auf die Insel Tjörn. In **Skärhamn** ist man stolz auf das auf Gegenwartskunst ausgelegte **Nordische Aquarellmuseum** (www.akvarellmuseet.org, Mai–Sept. tgl. 11–18, sonst Di–So 11–16 Uhr). Seine tolle Lage am Wasser kann man auch im Café oder im Restaurant (€) genießen.

Sehr hübsch ist das benachbarte Fischerdorf **Klädesholmen**, das auf einer Insel liegt. Man parkt gleich hinter der Brücke und erreicht Richtung Hafen das hervorragende Fischrestaurant **Salt o Sill,** dessen Besitzer auch ein ungewöhnliches, schwimmendes Hotel betreiben (Tel. 03 04/67 34 80, www.saltosill.se, €€). Nur einen Kilometer weiter liegt die Ortschaft **Rönnäng**. Neben der Kirche führt ein schmaler Fußweg auf einen Aussichtspunkt, der ein herrliches Panorama über die Schärenküste bietet. Vom Ort erreicht man per Schiff die winzige Insel **Åstol**, wo es in der Räucherei am Hafen leckeren Fisch und abends hin und wieder Livemusik gibt (Tel. 07 04/15 34 95, www.astolsrokeri.se). › mehr S. 13 Punkt 10

ORUST 12 ▮ A3 UND SKAFTÖLANDET 13 ▮ A3

Auf Tjörns großer Nachbarinsel **Orust** sollte man einen Abstecher zum alten Fischerort **Mollösund** mit seinen roten Bootsschuppen und weißen Häusern machen. Von **Ellös** im Norden gibt es kostenlose Fähren

(Tel. 07 71/65 65 65) über die Inseln Malö und Flatön zur Halbinsel Bokenäs. Von dort führt eine Brücke über den Sund zur Insel **Skaftölandet** mit den malerischen Örtchen Grundsund und Fiskebäckskil.

UNTERKUNFT
Vandrarhem Orust €
Attraktives Gästehaus an der Küste in einer ländlichen Hofanlage.
• Stockenvägen 25 | 47492 Ellös
  Tel. 03 04/503 80 | www.toftagard.se

LYSEKIL 14 🏛 A3

Aus dem ehemaligen Fischerdorf wurde Mitte des 19. Jhs. ein bis heute beliebter Bade- und Kurort (7900 Einw.). Die **Kaltbadeanstalt** rund um das windgeschützte Meerwasseroval kann man noch immer benutzen. Nicht versäumen sollte man den Besuch im **Havets Hus.** Das durch einen gläsernen Tunnel begehbare Aquarium bietet einen eindrucksvollen Querschnitt durch die

Tier- und Pflanzenwelt der einheimischen Gewässer (Strandvägen 9, www.havetshus.se, Mitte Juni–Mitte Aug. tgl. 10–18, sonst bis 16 Uhr).

INFO
Lysekils Turistbyrå
• Strandvägen 9
  453 30 Lysekil
  Tel. 05 23/130 50
  www.vastsverige.com/lysekil

HOTEL
Strandflickornas Havshotell €€
Kleines, individuelles Haus in einer alten Villa am Meer.
• Turistgatan 13 | 453 30 Lysekil
  Tel. 05 23/797 50
  www.strandflickorna.se

SMÖGEN 15 ⭐6 🏛 A3

»St. Tropez des Nordens« heißt der Fischerort nicht umsonst: Auf dem längsten Holzpier Schwedens spielt das Flanieren eine ebenso große Rolle wie am alten Hafen im franzö-

---

💬 **STEINBRÜCHE IN BOHUSLÄN** 🏛 A3–A4

An der felsigen Küste zwischen Göteborg und der norwegischen Grenze wurde zwischen 1850 und 1950 Granit im großen Stil abgebaut. Verwendet wurde der Stein u. a. für die Böschung des heutigen Nord-Ostsee-Kanals oder als Pariser Kopfsteinpflaster. Auch Hitlers Chefarchitekt Albert Speer bestellte hier für seine Monumentalbauten Granitplatten in großen Mengen. Doch der Krieg änderte die Prioritäten: Viele der bereits produzierten Steine wurden nie abgeholt und blieben in den Steinbrüchen liegen. Sie werden im Volksmund »Hitlersteine« genannt. Inzwischen sind die meisten Steinbrüche geschlossen. Da die Steinbrüche zum einfachen Abtransport der Ware oft direkt am Wasser angelegt wurden, dienen viele heute als kleine Marinas. In Hunnebostrand nördlich von Smögen betreibt ein rühriger Verein das kleine **Stenhuggerimuseet,** das Steinhauermuseum (www.stenhuggerimuseet.se).

sischen Pendant. Der 1 km lange Pier mit Cafés, Shops und Restaurants bietet Platz für Hunderte von Segel- und Motorbooten. Täglich finden hier Fisch- und Krabbenauktionen statt. In unmittelbarer Nachbarschaft auf dem Festland liegt **Kungshamn**. Bis heute ist hier die Fischindustrie zu Hause.

HOTEL

Smögens Havsbad €€
Wunderschön restauriertes Hotel mit Spa und gutem Fischrestaurant.
• Hotellgatan 26 | 456 51 Smögen
  Tel. 05 23/66 84 50
  www.smogenshafvsbad.se

NORDENS ARK

Auf dem Gelände des Guts **Åby** 16 A3 werden in der »Arche des Nordens« vom Aussterben bedrohte Tierarten in großen Freigehegen gezüchtet. Nordens Ark betreibt auch das gleichnamige Hotel auf dem Gelände (www.nordensark.se, tgl. 10–16/17, Sommer bis 19 Uhr).
> mehr S. 12 Punkt ❹

UDDEVALLA 17 A3

Ein Besuch der Provinzhauptstadt (36 500 Einw.) lohnt sich wegen des **Bohusläns Museums** ⭐ – Fischfang, Steinhauerei, Werftindustrie und Tourismus sind nur einige der Themen (Museigatan 1, www.bohuslansmuseum.se, Di–Do 10–20, Fr bis Mo bis 16 Uhr, gratis).

Im Museumsrestaurant stehen typische Gerichte aus der Provinz Bohuslän auf der Karte.

FJÄLLBACKA 18 A3

Die Boots- und Fischerhäuser des 1000 Einwohner zählenden Ortes (fjallbackainfo.se) kauern besonders eng am steilen Fels, der den natürlichen Hafen umschließt.

In diesem Küstenidyll wuchs die Schriftstellerin Camilla Läckberg auf. Nach ihren Krimis drehte das ZDF auch die Fernsehfilmstaffel »Morde in Fjällbacka«, teilweise an den Originalschauplätzen der Umgebung. Unzählige Felsbuchten bieten Einheimischen wie Besuchern einen persönlichen Badeplatz.

Berühmt ist die 200 m lange, extrem enge Schlucht **Kungsklyftan** (Königsspalte) nahe beim Hafen, wo Szenen des Films »Ronja Räubertochter« nach Astrid Lindgrens Kinderbuch entstanden.

GREBBESTAD 19 A3

Will man Schalentiere, Muscheln und andere Köstlichkeiten aus dem Meer in echter Bohuslän-Manier verspeisen, darf man die Hauptattraktion des Küstenortes und Wassersportdorados nicht auslassen: Bei **Greby's Skaldjursrestaurang** in einem alten Speicher am Pier gibt es die Delikatessen aus den typischen Holzkisten (Strandvägen 1, Tel. 05 25/140 00, www.grebys.se, €, Mo–Fr ab 10, Sa, So ab 12 Uhr, in der Nebensaison wechselnde Öffnungszeiten siehe Webseite).

Eines der ältesten und fröhlichsten Sommerfeste, die die Schweden »Carnevalen« nennen, feiert Grebbestad Anfang Juli.

Auch Schauspiellegende Ingrid Bergmann schätzte den kleinen Küstenort Fjällbacka

HOTEL

Tanum Strand Hotel €€€

Einladend und sehr gepflegt, direkt am Meer. Auch Ferienhausanlage.

- Tanum Strand
  Tel. 05 25/190 00
  www.tanumstrand.se

TANUMSHEDE 20 ⭐ 📖 A3

Im Hinterland von Grebbestad finden sich ungewöhnlich viele vorgeschichtliche Relikte. Bei Tanumshede verzieren Bilder und Symbole die zum UNESCO-Welterbe zählenden Granitfelswände. Unter den Motiven aus der Bronzezeit sind axtschwingende Krieger, Schiffe, Jagdszenen, ein Paar beim Geschlechtsakt und viele bis heute ungedeutete Zeichen. Über die Hintergründe informiert das hervorragend gestaltete **Vitlycke Museum** . Ein Bild vom damaligen Leben vermittelt der dazugehörige Bronzezeithof.

Hin und wieder bietet das Museum geführte Nachtwanderungen zu den Felsbildern (www.vitlyckemuseum.se, Mai–Aug. 10–18, sonst bis 16 Uhr, gratis).

HOTEL

Tanums Gestgifveri €€–€€€

Perfekte Gastlichkeit im romantischen, familiengeführten Landhotel. Berühmte Küche und Weinkeller.

- Apoteksvägen 1 | 457 31 Tanumshede
  Tel. 05 25/290 10
  www.hoteltanum.se

STRÖMSTAD 21 📖 A2

Mittelpunkt des reizvollen Ferienortes ist der Hafen, und ein lohnender Ausflug ist der Besuch der vorgelagerten **Kosterinseln.** Nördlich von Strömstad erreicht man schnell die Grenze zu Norwegen. Samstags, wenn die Norweger zum Einkaufen nach Schweden fahren, weil Lebensmittel dort viel billiger sind, herrscht in Strömstad Hochbetrieb. Richtung norwegische Grenze kommt es dann häufiger zu Staus.

WALDREICHER WESTEN

Scheinbar endlose Wälder gibt es in der Provinz Värmland

Schwedens Westen ist ein einsamer, waldreicher Landstrich mit einem Gewässernetz als perfektes Bootsrevier. Größere Städte gibt es nur rund um den größten See des Landes, den Vänern, der eine eigene Schärenlandschaft hat.

Die wenigen Städte im Westens entstanden, weil auf dem Wasserweg Holz geflößt und anschließend am Seeufer in den Fabriken verarbeitet werden konnte. Über den Vänern und den Trollhätte-Kanal wurde es nach Göteborg transportiert. Das Flößen ist passé, aber die Holz- und Papierfabriken am Seeufer gibt es auch heute noch.

Auffällig sind die langen, engen Täler. Oft ist kaum zu unterscheiden, ob es sich um einen schmalen See oder einen breiten Fluss handelt, der sich in diesen eiszeitlichen Rinnen erstreckt. Der Dalsland-Kanal öffnet den Weg in ein Gewässersystem der Superlative für Kanu- oder Motorbootfahrer. Oder man erlebt die Flusslandschaft des Klarälven vom selbst gebauten Floß aus der Biberperspektive. Wollte man das ganze värmländische Radwegenetz abfahren, wäre man etwa drei Wochen unterwegs.

Den Veranstaltungskalender für den Sommer füllen Musikfeste und Handwerkermärkte.

TOUREN IN DER REGION

AM DALSLAND-KANAL

ROUTE: Trollhättan › Mellerud › Håverud › Dals Långed › Bengtsfors › Ed

---

KARTE: Seite 105
DAUER: 1 Tag, ca. 100 km
PRAKTISCHER HINWEIS:
• Die Straße von Håverud nach Norden ist sehr schmal und kurvig. Hier ist Vorsicht geboten!

TOUR-START:
Die Tagestour führt durch die Industriegeschichte Westschwedens, wobei doch jede Station zum längeren Bleiben einlädt. In **Trollhättan** **1** › S. 106 wurde durch den Trollhätte-Kanal eine schiffbare Verbindung zwischen Göteborg und dem Vänern geschaffen. Die Wasserkraft des Flusses Göta älv wird hier seit Jahrhunderten genutzt. Bis kurz hinter **Mellerud** **4** › S. 107 geht es über die breit ausgebaute Straße 45, die durch flaches Bauernland führt, aber dann wird es wieder interessant. Über Åsensbruk kommt man nach **Håverud** **5** › S. 108, wo der Dalsland-Kanal › S. 108 samt den

ihn passierenden Schiffen in einem Aquädukt die Stromschnellen überquert. Darüber verläuft eine Eisenbahnbrücke und ganz oben die Straßenbrücke, von der aus man einen guten Blick auf das ganze Ensemble hat. Der Dalsland-Kanal diente früher dem Holztransport, heute wird er nur noch von Kanuten, Freizeitskippern und Ausflugsschiffen benutzt. Weiter auf der Landstraße nach Norden gelangt man nach Dals Långed, wo ein Abstecher zum Herrenhof **Baldersnäs** **8** › S. 109 führt, ein herrschaftliches Gut mitten im Park samt Restaurant und Cafeteria. Man erreicht anschließend **Bengtsfors** **7** › S. 109, eine Kleinstadt, die nicht nur ein optimaler Ausgangspunkt für die Erkundung der Gegend ist, sondern auch mit einem interessanten Freilichtmuseum aufwartet. Eher kurios ist dann am Ende der Tour das Museum in **Ed** **6** › S. 108 – wo sonst werden schon Ketten- und Motorsägen gesammelt …

DURCH DIE WÄLDER VÄRMLANDS

ROUTE: Bengtsfors › Årjäng › Arvika › Klässbol › Sunne › Torsby › Hällefors › Grythyttan

KARTE: Seite 105
DAUER: 2–3 Tage, ca. 370 km

> **PRAKTISCHER HINWEIS:**
> • Wer in Torsby ein Floß bauen will, um den Klarälven hinabzutreiben, muss mehrere Tage zusätzlich einplanen. › **mehr S. 12** Punkt **7**

TOUR-START:
Von Tal zu Tal führt die Tour durch die weiten Wälder. Schon von **Bengtsfors** **7** › S. 109 über Årjäng nach **Arvika** **9** › S. 110 bremst kein Dorf den Verkehr. Arvika am Nordende des Glafsfjorden hat ein kleines, aber bemerkenswertes Kunstmuseum vorzuweisen. Bei einem Abstecher nach **Klässbol** **10** › S. 110 kann man eine der letzten Leinenwebereien Schwedens besuchen.

Nächste Station mit Übernachtung ist **Sunne** **11** › S. 110 am Fryken, einer der schmalen, langen Seen, die für diese Region so typisch sind. Im benachbarten Rottneros gibt es einen großen Skulpturenpark › S. 111, wo im Sommer regelmäßig Veranstaltungen stattfinden.

Und nördlich von Sunne lohnt auch der Aussichtsberg Tossebergsklätten › S. 111 einen Stopp.

Über **Torsby** **12** › S. 111, wo man eine Nacht pausiert und mehrere Anbieter von Floßtouren auf dem Klarälven ihren Sitz haben, führt die Route nach **Ekshärad** **13** › S. 111 und weiter über Hagfors in die Region Bergslagen, wo seit alters her Erz abgebaut wird, teils als Flusserz, teils in Gruben. Bergslagen zieht sich von den östlichen Teilen Värmlands bis fast vor die Tore Stockholms. Dort erreicht die Tour im kleinen Bergwerksort **Grythyttan** 16 › S. 112 ihr Ziel. War die Vergangenheit von Grythyttan die Verhüttung, so liegt seine Perspektive heute dank des Måltidens Hus › S. 51 in der Kochkunst.

› S. 112

WICHTIGE ADRESSEN

Nützliche Informationen zur Reiseplanung findet man bei den Internetportalen der jeweiligen regionalen **Tourimusverbände:** für die Provinz Värmland unter www.visit varmland.se, für Dalsland und den Raum um Lidköping unter www.vastsverige.com.

TOUREN IM WESTEN

TOUR 7

AM DALSLAND-KANAL

Trollhättan › Mellerud › Håverud › Dals Långed › Bengtsfors › Ed

TOUR 8

DURCH DIE WÄLDER VÄRMLANDS

Bengtsfors › Årjäng › Arvika › Klässbol › Sunne › Torsby › Hällefors › Grythyttan

UNTERWEGS IN DER REGION

TROLLHÄTTAN 1 📕 B3

Bereits Anfang des 15. Jhs. wurde nahe der Stadt (50 000 Einw.) die Kraft des Göta älv genutzt. Seit 1910 das erste Elektrizitätskraftwerk in Betrieb ging, fließen die Wassermassen kontrolliert durch Turbinen. Doch im Sommer darf sich Schwedens wasserreichster Fluss an bestimmten Tagen ungezähmt in Kaskaden 32 m in die Tiefe stürzen (genaue Daten und Zeiten im Infobüro). Ausgelassen begeht die Stadt das Festival der Wasserfälle an einem Wochenende Mitte Juli. Über die Geschichte des Kanals und der Wasserfälle erfährt man mehr im **Kanalmuseum** (Juni–Aug. tgl. 10 bis 18, Sept.–Mai Sa, So 12–17 Uhr).

INFO
Visit Trollhättan Turistbyrå
• Åkersjövägen 10 | 461 53 Trollhättan
  Tel. 05 20/135 09 | www.vastsverige.com/visittrollhattanvanersborg

UNTERKUNFT
STF Gästehaus Gula Villan €
Freundliches Quartier mit Kinderspielplatz im Garten, zentrumsnah gelegen.
• Tingvallavägen 12 | 461 32 Trollhättan
  Tel. 05 20/129 60
  www.svenskaturistforeningen.se

VÄNERSBORG 2 📕 B3

Die Kleinstadt (24 000 Einw.) liegt am Südende des **Vänern** ⭐. Das größte Binnengewässer (5585 km²)

Schwedens ist fast zehnmal so groß wie der Bodensee. Die Göta-Kanal-Schiffe passieren seinen südlichen Teil zwischen Vänersborg und Sjötorp und den Archipel der 24 000 Vänern-Schären, wo man Schwäne und Reiher aus der Nähe erleben kann. Etwas südöstlich liegt der Berg der Elche, der **Hunneberg.** Dort befindet sich das königliche Jagdmuseum, das Interessantes über Elche und deren Lebensraum präsentiert (www.algensberg.com, Juni–Aug. 10 bis 18, Sept.–Mai Di–So 11–16, Dez., Jan. Di–Fr 11–16 Uhr).

INFO
Vänersborgs Turistbyrå
• Kungsgatan 9 | 462 33 Vänersborg
  Tel. 05 21/135 09 | www.vastsverige.com/visittrollhattanvanersborg

HOTEL
Ronnums Herrgård €€–€€€
Ehemaliger Gutshof mit exzellenter Küche. Romantische Zimmer, komfortabel-luxuriös sind die mit eigener Sauna.
• Parkvägen 18 | 468 30 Vargön
  Tel. 05 21/26 00 00
  www.ronnum.se

LIDKÖPING 3 📕 B3

In der charmanten und lebendigen Stadt (27 300 Einw.) mit kopfsteingepflasterten Gassen dokumentiert das **Vänermuseum** die Nutzung des Binnenmeers (Di–Fr 10–17, Sa, So 11–16 Uhr). An die alte Schiffbautradition anknüpfend, werden

Törns mit einem seetüchtigen Wikingerboot arrangiert.

Rörstrand, eine der ältesten Porzellanfabriken Europas, produzierte lange Zeit in Lidköping. Neben dem Museum mit Café lohnt auch der Shop einen Besuch (www.rorstrand-museum.se, Di–Fr 10–17, Sa bis 16 Uhr, gratis). › mehr S. 18 Punkt **40**

Alljährlich im Juli kommen Fans amerikanischer Straßenkreuzer zum **Power Big Meet** zusammen, dem mit rund 20 000 Fahrzeugen wohl größten Ami-Schlitten-Treffen der Welt (www.bigmeet.com).

INFO

Lidköping Turistbyrå
• Gamla Rådhuset | Nya stadens torg 531 31 Lidköping | Tel. 05 10/200 20 www.vastsverige.com/lackokinnekulle

HOTEL

Stadshotellet €€
Historisches Gebäude im Zentrum gegenüber dem alten Rathaus.
• Gamlastadens Torg 1 531 32 Lidköping | Tel. 05 10/220 85 www.lidkopingstadshotell.se

AUSFLUG ZUM SCHLOSS LÄCKÖ ⭐ 📘 B3

Rund 25 km nördlich von Lidköping endet die Straße bei einem der schönsten Schlösser Schwedens (13. bis 17. Jh.) Seine Lage inmitten der lieblichen Schärenlandschaft macht es so unvergleichlich (www.lacko slott.se, Mitte April–Mitte Okt. tgl. 10–18 Uhr). Im Sommer starten mehrmals täglich Schiffsrundfahr-

ten ab dem **Naturum Vänerskärgården** am Schloss Läckö durch die wunderschöne Inselwelt des Vänern (Tel. 05 10/48 46 60, naturum.lacko slott.se).

MELLERUD 4 📘 B3

In der Stadt (4000 Einw.) beginnt die stillgelegte Bahnstrecke, die Dalsland bis hinauf nach Årjäng in Värmland durchzieht. Im Sommer kann man hier zu einer Fahrt mit der Draisine oder mit dem Museumszug bis Bengtsfors, **»Bahn der schönen Aussichten«** genannt, aufbrechen (Fahrplan/Infos: www.dvvj. com, Tel. 05 31/52 68 01).

HOTEL

Wärdshuset på Dal €€
Freundliches Familienhotel mit 28 Betten und beliebtem Restaurant-Pub.
• Tingshusgatan 1 | 464 31 Mellerud Tel. 05 30/126 64 www.wpdal.com

Schloss Läckö liegt auf einer Landzunge im Schärengarten des Vänern

HÅVERUD 5 B3

Topsehenswürdigkeit des Ortes ist der aus Blechen mit Hilfe von 33 000 Nieten zusammengefügte schiffbare Aquädukt des **Dalsland-Kanals** › unten. Seit 1868 passieren Boote in einer Wasserrinne die Stromschnellen des Flusses. Auch Schiene und Straße haben eigene Brücken über die Schlucht. Das **Dalsland Center** im Ort ist Heimatmuseum zur Geschichte des Kanals und Infobüro (Kanalvägen 4, Tel. 05 30/189 90).

Gut 10 km weiter nördlich kann man bei **Högsbyn** im Wald Tisselskog bronzezeitliche **Felszeichnungen** in herrlicher Lage am See bewundern (www.wadbring.com).

UNTERKÜNFTE

Håveruds Herrgård €€
Der Kanal führt direkt durch den Hotelpark, in dem auch geräumige Glamping-Zelte (€) stehen, die man mieten kann.
• Upperudsvägen 6 | 464 72 Håverud
Tel. 070/603 04 90
www.hoverud.com

STF Vandrarhem Håverud €
Schöne Lage am Aquädukt.
• Museivägen 3 | Tel. 05 30/302 75
www.svenskaturistforeningen.se

ED 6 A3

Die Kleinstadt liegt an der südlichsten Spitze des Sees Stora Le, der sich bis nach Norwegen hinein erstreckt.

Lokale Attraktion ist das erstaunlich große **Motorradmuseum** unter dem örtlichen Supermarkt. Die Motorräder stehen hier so, wie sie zuletzt von der Straße kamen. Leicht skurril mutet die große **Sammlung historischer Motorsägen** an (Storgatan, www.mc-dalsland.se, Mitte April–Mitte Okt. Do–So 11–16, Juni–Aug. tgl. 11–18 Uhr).

RESTAURANT

Falkholts Dalslandskrog €€–€€€
Im Restaurant an der Str. 164 zwischen Ed und Dals Långed werden regionale Spezialitäten auf hohem Niveau in Szene gesetzt.
• Norebyn 12 | Dals Långed
Tel. 05 31/350 70 | www.falkholt.com

📣 **DER DALSLAND-KANAL** ⭐

Für die Holz- und Eisenindustrie machte man im 19. Jh. das Gewässersystem in Dalsland als Transportweg schiffbar. Keine andere schwedische Provinz weist eine solche Dichte an Seen und Flüssen auf. Gerade 10 km Kanal mussten für das 254 km lange Wasserstraßensystem gebaut werden. Ab Köpmannebro und Håverud befahren Passagierdampfer den Kanal bis Bengtsfors. Für die Rückfahrt empfiehlt sich die »Bahn der schönen Aussichten« › S. 107. Für eine Kanutour findet Hobbypaddler u. a. in Ed, Bengtsfors und Årjäng Verleihstationen. Beim Kanumarathon (am zweiten Samstag im August, www.kanotmaraton.se) kann theoretisch jeder teilnehmen. Die 55 km lange Strecke bis Baldersnäs ist aber eher etwas für Könner. Infos zum Dalsland-Kanal: www.dalslandskanal.se.

Aquädukt des Dalsland-Kanals – eine 33,5 m lange Wasserrinne über den Stromschnellen

BENGTSFORS ⁊ ▮ B2

Die Kleinstadt (3350 Einw.) im zentralen Dalsland ist ein idealer Ausgangspunkt für Naturaktivitäten › S. 97. Spaß macht z. B. die Fahrt mit der **Draisine** auf der 52 km langen stillgelegten Bahnstrecke Richtung Årjäng. Man kann auch die einfache Strecke mit Rücktransfer buchen. Die Gefährte für je zwei Personen rechtzeitig reservieren! (Dal-Västra Värmlands Järnväg, Tel. 05 31/52 68 01, www.dvvj.com),

Nicht nur die Spielmanns- und Handwerkertage im Sommer machen das Freilichtmuseum **Gammel Gården** mit 20 alten Bauernhäusern aus der Region besuchenswert. Typisch für Dalsland sind Strohflechtereien, die man dort im Halmens Hus sehen kann (www.gammelgardenmuseum.org, Mai–Dez. Mo–Sa 10–16, So 13–16 Uhr).

HOTEL

First Hotel Bengtsfors €€
Frisch renoviertes Hotel mit beheiztem Außenpool. Vom Restaurant aus schaut man direkt auf den Kanal.
• Karlsbergsvägen 3 | 666 31 Bengtsfors
 Tel. 05 31/727 00 | www.firsthotels.se

CAMPING

Dalslands Camping & Kanotcentral €
Der große Campingplatz bietet Kanuverleih, Hütten und Zimmer.
• 666 91 Bengtsfors | Tel. 05 31/100 60
 www.dalslandscamping.se

AUSFLUG NACH BALDERSNÄS ⁸ ▮ B3

Eine gut 20 km lange Autofahrt in Richtung Süden führt auf eine Halbinsel am Ufer des Sees Laxsjön. Hier liegt in einem schönen englischen Landschaftspark der **Herren-**

hof **Baldersnäs.** So stilvoll wie das Anwesen, ein beliebtes Ausflugsziel, ist auch das dortige Hotel mit Restaurant (Baldersnäs 22, 660 10 Dals Långed, Tel. 05 31/412 13, www.baldersnas.eu, €€).

ARVIKA 9 📖 B2 UND KLÄSSBOL 10 📖 B2

In der spärlich besiedelten Landschaft Westvärmlands nimmt sich **Arvika** (14 800 Einw.), schön gelegen am See Glafsfjorden, schon fast städtisch aus. Freunde des (Kunst-) Handwerks führt die **Hantverksrundan** (Handwerksrunde) südlich von Arvika von Werkstatt zu Werkstatt.

Das **Rackstadmuseet** liegt etwas außerhalb am See Racken und ist der Künstlerkolonie gewidmet, die sich hier Ende des 19. Jhs. niederließ (Kungsvägen 11, www.rackstadmuseet.se, Juni–Aug. tgl. 11–17, sonst Di–So 11–16 Uhr).

Selma Lagerlöfs Arbeitsplatz in der Bibliothek ihres Haus Mårbacka bei Sunne

Am südöstlichen Ende des Glafsfjorden liegt **Klässbol**. Hier wird Leinen nach alter Tradition gewebt, das zum Beispiel beim Bankett der Nobelpreisverleihung auf den Tisch kommt. Klässbols **Linneväveri** ist seit 1920 ein Familienbetrieb (www.klassbols.se, Mo–Fr 9–18, Sa 10–16, Mai–Sept. auch So 10–16 Uhr).

INFO
Arvika Turistbyrå
• Storgatan 22 | 671 31 Arvika
Tel. 05 70/817 90 | www.visitarvika.se

HOTEL
Scandic Arvika €€
Gemütliches Traditionshaus mit 88 großen, individuell gestalteten Zimmern, exzellentem Service und eigenem Spa.
• Torggatan 9 | 671 31 Arvika
Tel. 05 70/197 50
www.scandichotels.de/arvika

SUNNE 11 📖 B2

Die Kleinstadt (5300 Einw.) am See Fryken lockt mit dem Heimatmuseum Sundbergs Gård und mit ihrer idyllischen Umgebung.

Selma Lagerlöf (1858–1940), Schwedens erste Nobelpreisträgerin für Literatur, lebte auf dem Hof **Mårbacka** ⭐ etwas südlich von Sunne. Die Autorin verfügte, dass ihr Anwesen unverändert erhalten bleiben sollte (Tel. 05 65/310 27, www.marbacka.com, nur mit einer Führung zu besichtigen, Zeiten siehe Webseite). Viele Schauplätze ihres Erstlingswerks »Gösta Berling« haben reale Vorlagen in der Gegend. So ist das Vorbild für Ekeby im Roman das ehemalige **Gut Rott-neros**, südlich von Sunne auf der anderen Seeseite gelegen.

Ein Besuch im **Park** ⭐ (22 ha) mit seinen Skulpturen von Carl Milles und Gustav Vigeland führt zu einem der kulturellen Kleinode des Värmlands (www.rottnerospark.se, Tel. 05 65/ 602 95, Ende Mai–Ende Aug. 10–16/17 Uhr).

Nach Norden in Richtung Torsby zweigt eine Serpentinenstraße zum Berg **Tossebergsklätten** (343 m) ab. Auf dem Gipfel lädt eine Cafeteria zur Rast; vom Aussichtsturm bietet sich eine herrliche Aussicht über das Fryken-Tal.

INFO
Sunne Turistbyrå (Bibliothek)
• Storgatan 39 | 686 35 Sunne
  Tel. 05 65/164 00 | www.sagolikasunne.se

HOTELS
Ulvsby Herrgård €€–€€€
Sehr charmantes kleineres Hotel mit Restaurant am See Övre Fryken.
• Länsmansgården | 686 93 Sunne
  Tel. 05 65/140 10 | www.ulvsbyherrgard.se

Helgeby Herrgård B&B €€
Wunderschön gelegenes einfacheres Haus mit 24 sehr nostalgisch eingerichteten Zimmern.
• Helgeby 61 | 686 91 Sunne
  Tel. 072/721 22 77 | www.helgeby.se

TORSBY `12` 📖 B1

Der Ort (4 500 Einw.) gilt als Tor zur Wildnis: Hier beginnen die weiten Finnwälder. Etwas nördlich von Torsby eröffnete 2006 der längste Skitunnel der Welt. Die 1,3 km lange Loipe mit 12 m Steigung bietet wetterunabhängig Skispaß für Biathleten und Langläufer (www.skidtunnel.se, meist 9–19 Uhr geöffnet, am Wochenende kürzer).

In dem auch architektonisch bemerkenswerten **Finnskogscentrum** von Torsby erfährt man alles über die Geschichte dieser von Wäldern geprägten Landschaft (Lekvattnet 84, varmlandsmuseum.se, Juni bis Aug. tgl. 11–17 Uhr)

INFO
Torsby Turistbyrå
• Kyrkogatan 5 | 685 30 Torsby
  Tel. 05 60/160 50 | www.visittorsby.se

HOTEL
Hotell Örnen €–€€
Hübsches B & B in einer kleinen Jugendstilvilla in der Ortsmitte.
• Östmarksvägen 4 | 685 33 Torsby
  Tel 05 60/146 64 | www.hotellornen.se

EKSHÄRAD `13` 📖 B1

Der Ort liegt im Tal des **Klarälven**, der in vielen Schleifen gen Süden fließt – ideal für Fahrten auf selbst gezimmerten Flößen › S. 31.

Der **Friedhof** von Ekshärad weist eine Besonderheit auf: Reich verzierte schmiedeeiserne Kreuze stehen hier, wie es sie sonst in Schweden nirgends zu sehen gibt.

KARLSTAD `14` 📖 B2

Aus dem mittelalterlichen Handels- und Thingplatz im Mündungsdelta des Klarälven in den Vänern wurde im 16. Jh. die nach König Karl IX. benannte Stadt (67 000 Einw.). Das **Värmlands Museum** dokumentiert hier Geschichte, Kunst und Kultur und präsentiert Wechselausstellungen (Sandgrundsudden, Mo bis Fr 10–18, Sa, So 11–16 Uhr).

INFO

Karlstads Turistbyrå
• Bibliotekshuset | Västra Torggatan 26
652 24 Karlstad
Tel. 054/5 40 24 70
www.visitkarlstad.se

UNTERKÜNFTE

Elite Stadshotellet €€
Schöne, moderne Zimmer in einem prächtigen Haus direkt am Klarälven.
• Kungsgatan 22 | 651 08 Karlstad
Tel. 054/29 30 00
www.elite.se

Vandrarhem Karlstad €
Großes renoviertes Gästehaus mit 40 Zimmern unterschiedlicher Kategorien; etwas außerhalb der Stadt gelegen.
• Kasernhöjden 19
653 39 Karlstad
Tel. 054/56 68 40
www.svenskaturistforeningen.se

KRISTINEHAMN 15 📖 C2

Das beschauliche Städtchen (19 000 Einw.) am Nordufer des Vänern war einst ein wichtiger Umschlagplatz für Holz und Eisen, worüber man im **Stadtmuseum** mehr erfährt. Pablo Picasso schenkte der Stadt 1965 eine 15 m hohe Skulptur, die ihren Platz auf einer Landzunge bei Vålösund am Ufer des Vänern fand.

GRYTHYTTAN 16 📖 C2

In dem idyllischen Bergwerksörtchen erstand der schwedische Pavillon von der Weltausstellung 1992 als **Måltidens Hus** › S. 51 wieder. Die Hotelfachschule setzt kulinarische Trends, von denen sich die Restaurants der Umgebung inspirieren lassen. Auch neue, auf Herstellung und Veredelung von Lebensmitteln spezialisierte Firmen haben sich rund um Grythyttan angesiedelt. **Grythyttan Vin** zum Beispiel keltert Wein aus lappländischen Moltebeeren (Grythyttevägen 55, www.grythyttanvin.se, Weinproben und Führungen nach Anmeldung: Tel. 05 91/191 11).

HOTELS

Grythyttans Gästgivaregården €€€
Stilvolle Zimmer, verteilt über ehemalige Villen zentral im Ort. Der Besitzer gehört zu den Initiatoren des Måltidens Hus; berühmter Weinkeller.
• Prästgatan 2 | 712 81 Grythyttan
Tel. 05 91/633 00
www.grythyttansgastgivaregard.se

Sikfors Herrgård €€€
Kleiner Herrenhof am See etwa 4 km nordöstlich von Grythyttan an der Str. 63. Stimmungsvoll und sehr persönlich.
• Sikfors 14 | 712 93 Hällefors
Tel. 05 91/151 15 | www.sikforsherrgard.se

Ölme Prästgård Gästgiveri €€
Charmant im Stil des 18. Jhs. eingerichtete Zimmer und eine eigene »Schriftstellerstube« bei Kristinehamn nahe der E 18.
• Ölme Prästgård 1 | 681 94 Kristinehamn
Tel. 0550/333 33 | www.olmeprastgard.se

RUND UM DEN MÄLARSEE

Mariefred, die kleine Stadt am
Mälarsee, ist die Heimat von
Schloss Gripsholm

Eine Reise um den Mälarsee – hier ist man im Land der Svear, des altschwedischen Volkes – ist zugleich ein Streifzug durch die Bevölkerungs- und Industriegeschichte Schwedens wie auch durch die Geschichte des schwedischen Adels.

Die Regionen südlich und nördlich des Mälaren, die über Jahrhunderte von der Nähe zur Hauptstadt Stockholm profitiert haben, sind das sogenannte Svealand – die Keimzelle Schwedens und Heimat der Svear. Doch heute taucht der Name Svealand nur noch im schwedischen Wetterbericht auf. Landwirtschaftliche Produkte aus den fruchtbaren Ebenen zwischen Norrköping und Linköping versorgten einst Stockholm mit Nahrungsmitteln.

Die Region Bergslagen trug mit ihren Bodenschätzen zum Wohlstand bei: Silber aus den Gruben von Sala für die Staatskasse, Erz aus Ängelsberg und Nora für die Kanonen machten Schweden im 17. Jh. zur europäischen Großmacht. Wie gut es dem schwedischen Adel ging, lässt sich an den Schlössern ablesen, die rund um den See Mälaren entstanden. In keiner anderen Region Skandinaviens findet man solch eine Dichte an Schlössern wie hier.

TOUREN IN DER REGION

$T O U R$
9

SCHLÖSSER UND HERRENSITZE

ROUTE: Trosa > Mariefred > Strängnäs > Eskilstuna > Västerås > Sigtuna > Uppsala

KARTE: Seite 116
DAUER: 3 Tage
PRAKTISCHER HINWEIS:
• Die meisten Schlösser können ganzjährig zumindest von außen besichtigt werden. Die Öffnungs-

zeiten der Räumlichkeiten bzw. Führungen sind hingegen überwiegend auf die Zeit von Mitte Juni bis Mitte August beschränkt.

TOUR-START:
Der Unterschied zwischen Schlössern und Herrenhöfen ist in Schweden fließend, die wenigsten befinden sich heute jedoch noch in Privatbesitz, es sei denn, sie wurden zu einem Schlosshotel umgebaut. Eine besonders hohe Dichte an Schlössern weist die Region Sörmland südlich von Stockholm auf.

Ausgangspunkt ist das charmante Küstenstädtchen **Trosa** ▸ S. 120.

Gut 10 km nördlich lockt Tullgarn Slott. Der königliche Palast aus dem 18. Jh. besitzt Interieurs aus verschiedenen Epochen (www.kungahuset.se, Juni–Aug. Di–So 11–17, Sept. Sa, So 11–17 Uhr, Führungen stdl. 12–16 Uhr).

Im ehemaligen Stall gibt es ein Café, in der Orangerie ein uriges Lokal. Genießen Sie den herrlichen Park und werfen Sie einen Blick auf den kleinen Hafen, in dem nur ein oder zwei Segelboote Platz finden. Bis 1950 nutzte König Gustav V. das Schloss als Sommerresidenz.

Von hier geht es auf kleinen Straßen über Gnesta quer hinüber zum Mälaren nach **Mariefred** **7** › S. 120. Dort übernachtet man und besucht eines der schönsten Schlösser aus der Wasa-Zeit: Schloss Gripsholm. Die Verwandtschaft der vier bedeutendsten Wasa-Schlösser in Kalmar, Vadstena, Mariefred und Örebro ist an den dicken Rundtürmen gut zu erkennen. Doch kaum bekannt ist Mälsåker Slott, eines der stattlichsten Barockschlösser des Landes aus dem 17. Jh., das auf der Insel Selaön nicht weit von Stallarholmen liegt (www.malsaker.nu, Mitte Juni–Mitte Aug. Mi–So 11–16 Uhr).

Nach einer Nacht in **Strängnäs** **8** › S. 121 erreicht man **Eskilstuna** **10** › S. 122. Von hier führen Brücken und Dämme ans Nordufer des Mälarsees und zum Barockschloss Strömsholms mit Originaleinrichtung aus dem 18. Jh. und attraktivem Park (www.kungahuset.se, Juni bis Aug. tgl. 11–17, im Sept. nur Sa, So 11–16 Uhr). Weiter geht es nach **Västerås** **14** › S. 122 und Enköping,

wo das von Nicodemus Tessin im 17. Jh. entworfene Haga Slott zu einem exklusiven Hotel umgebaut wurde (www.sabysateri.se).

Zu den berühmtesten Schlössern Schwedens gehört **Skokloster** **22** › S. 125, das auf einer Halbinsel zwischen der ehemaligen Hauptstadt **Sigtuna** **21** › S. 125 und **Uppsala** **23** › S. 125, dem kirchlichen Zentrum des Landes, liegt. Der Dom, das Schloss und Gamla Uppsala zählen zu den wichtigsten Sehenswürdigkeiten der alten Universitätsstadt, während Sigtuna mit einer mittelalterlichen Stadtanlage glänzt. Beide Städte bieten gute Übernachtungsmöglichkeiten.

TOUR 10

DER INDUSTRIE-GESCHICHTE AUF DER SPUR

ROUTE: Linköping › Berg › Norrköping › Eskilstuna › Västerås › Sala › Ängelsberg › Nora

KARTE: Seite 116
DAUER: 2–3 Tage
PRAKTISCHE HINWEISE:
- Mehrtägige Reisen auf dem Göta-Kanal › S. 96 zwischen Stockholm und Göteborg können über Reiseveranstalter gebucht werden.
- Tagestouren werden von Söderköping aus angeboten.

TOUR-START:

Linköping **1** > S. 118 ist ein guter Startpunkt, wenn man sich für die schwedische Industriegeschichte interessiert, auch wenn die Chronologie nicht ganz stimmt: Mit dem schwedischen Luftwaffenmuseum, Saabs Jagdflugzeuge werden in der Stadt produziert, beginnt man in der Neuzeit. Friedlicher geht es im Freilichtmuseum Gamla Linköping zu, das wie ein historischer Stadtteil wirkt. Ein beeindruckendes Beispiel schwedischer Ingenieurskunst sind die sieben Schleusenkammern des Göta-Kanals bei Berg **2** > S. 118. 18,8 m Höhenunterschied überwinden die Schiffe zwischen den Seen Roxen und Vänern. Norrköping **5** > S. 119 war bis etwa 1960 das Zentrum der schwedischen Textilindustrie, worüber man im Museum der Arbeit mehr erfährt. Von der Industrie geprägt ist auch Eskilstuna **10** > S. 122, wo ein Abstecher in die Kunsthandwerkerhöfe an den einstigen Rademacherschmieden lohnt. Schöne Souvenirs kann man dann

bei Västerås **14** > S. 122 am nördlichen Ufer des Mälaren im Messingwerk Skultuna Bruk > S. 123 kaufen.

In Sala **16** > S. 123 befanden sich Schwedens ergiebigste Silbergruben. Vom 17. bis ins 19. Jh. hinein war ihr Silber die wichtigste Einnahmequelle des schwedischen Staates. Bis 1962 wurde Erz abgebaut, seit 1988

RUND UM DEN MÄLARSEE

TOUR **9**

SCHLÖSSER UND HERRENSITZE

Trosa > Mariefred > Strängnäs > Eskilstuna > Västerås > Sigtuna > Uppsala

TOUR **10**

DER INDUSTRIEGESCHICHTE AUF DER SPUR

Linköping > Berg > Norrköping > Eskilstuna > Västerås > Sala > Ängelsberg > Nora

sind Teile der Anlage als Besucher-
bergwerk geöffnet. Flusserz bildete
die Grundlage für die Entstehung
von Engelsberg Bruk bei **Ängelsberg** 15 > S. 123. Das Ensemble historischer Industrieanlagen gehört zum
Welkulturerbe der UNESCO. Ängelsberg befindet sich bereits in
Bergslagen, einer Region, die sich
von Värmland bis vor die Tore Upp-
salas erstreckt und in der Erz abgebaut wurde. Ein für die Region cha-
rakteristischer Bergbauort ist **Nora**
12 > S. 122. Die vor den Toren der
Kleinstadt gelegene Hüttenanlage
Pershyttan ist ein typisches Beispiel
für den schwedischen Eisenerzab-
bau und der Verhüttung vor Ort.

UNTERWEGS IN DER REGION

LINKÖPING 1 ▮ C3

Die Universitäts- und Industriestadt (115 500 Einw.) war im Mittelalter das geistige Zentrum Schwedens. Der gotische **Dom** (15. Jh.) bezeugt das eindrucksvoll. Die alte Bebauung findet man komplett im Stadtteil **Gamla Linköping,** wohin alle 90 von den Feuersbrünsten des 19. Jhs. verschonten Häuser versetzt wurden. Eine sehenswerte Ausstellung zur Natur und Geschichte der Provinz präsentiert **Östergötlands Länsmuseum** (Di–So 11–16, Mi, Do bis 20 Uhr). Flugzeuge aus verschiedenen Zeiten zeigt das **Flygvapenmuseum** (7 km westl., Bus Nr. 13 ab Resecentrum, www.flygvapen museum.se, Di–So 11–17, Juni bis Aug. tgl. 10–17, Mi, Do bis 20 Uhr).

Auf der »Juno« von 1874 kann man Kreuzfahrten auf dem Göta-Kanal unternehmen

Im 10 km nördlich entfernten Ort Berg 2 ▮ C3 wartet mit **Bergs Slussar** 8 eine Berühmtheit des Göta-Kanals, wo die Schiffe über eine Treppe mit sieben Schleusen direkt hintereinander fahren. Eine Fahrt mit dem Passagierschiff über die Schleusentreppe nach **Borensberg** 3 ▮ C3 dauert etwa 3,5 Std. (Anfang Mai–Ende Sept.; Infos und Fahrpläne unter www.gotakanal.se/de/Passagierschiffe).

Man kann die schöne, gut 20 km lange Strecke aber auch auf dem parallel verlaufenden Wirtschaftsweg per Fahrrad zurücklegen und in Borensberg dann eine der zwei erhaltenen, von Hand zu betätigenden Schleusen bewundern.

HOTEL

Göta Hotell €€
Lauschige, direkt an der Kanalschleuse gelegene Privatpension mit zwölf nostalgischen Zimmern.
• Götagatan 2 | 590 29 Borensberg
Tel. 01 42/410 60 | www.gotahotell.se

SÖDERKÖPING 4 ★ ▮ D3

Deutsche Hansekaufleute legten die Stadt (7700 Einw.) im 13. Jh. dort an, wo heute der Göta-Kanal schon beinahe die Ostsee erreicht. An die Hansezeit erinnert die Stadtkirche **St. Laurentii** (1290) mit ihrer Backsteingotik. An glanzvolle Zeiten als Kurort erinnert der **Kurpark.** Im Sommer ist die Wasserstraße mit ihren Freizeitseglern die Pulsader von Söderköping. Den schönsten Blick auf das Treiben bietet der 73 m hohe **Ramunderberg** direkt am Kanal. Söderköping ist ein guter Ausgangspunkt für Ausflüge auf die einsame Halbinsel Vikbolandet und die Schären bei Arkösund.

INFO

Söderköpings Turistbyrå
- Margaretagatan 19
  614 32 Söderköping | Tel. 01 21/181 60
  www.visitostergotland.se/soderkoping

HOTEL

Söderköpings Brunn €€€
Das Haus strahlt gediegene Kuratmosphäre aus. Das Flair der Wende vom 19. zum 20. Jh. genießt man am besten auf der Restaurantterrasse.
- Skönbergagatan 35
  614 21 Söderköping
  Tel. 01 21/109 00
  www.soderkopingsbrunn.se

NORRKÖPING 5 📖 D3

Die Stadt (98 000 Einw.) am Ende der Meeresbucht Bråviken ist ein wichtiges Handels- und Verwaltungszentrum. Von hier aus wurden früher Erze und Eisenprodukte aus Östergötland verschifft. Dann machte die Textilherstellung Norrköping zum Manchester Schwedens. Hierüber informiert das **Arbetets Museum** (www.arbetetsmuseum.se, Mo bis Fr 9–17, Sa, So 11–17 Uhr).

INFO

Destination Norrköping
- Källvinsgatan 1 | 601 81 Norrköping
  Tel. 011/15 50 00
  www.upplev.norrkoping.se

HOTEL

Vildmarkshotellet Kolmården €€
Großes Komforthaus mit schönem Blick auf die Bucht. Restaurant mit Themenbuffets.

💬 GÖTA-KANAL 📖 B3–D3

Der 390 km lange Wasserweg von der Ostsee zum Kattegatt wird Göta-Kanal genannt. Der eigentliche Kanal führt auf 190 km von Mem bei Söderköping bis Mariestad am Vänern. Ab Trollhättan schließen Trollhätte-Kanal und der Fluss Göta älv die Verbindung bis Göteborg, das dadurch auf dem Wasserweg mit Stockholm verbunden ist. Die Idee dafür stammt aus dem 16. Jh., als schwedische Schiffe auf dem Weg in die Nordsee dänische Hoheitsgewässer passieren mussten. Auch der Bauauftrag an Freiherr Baltzar von Platen 1810 hatte einen militärisch-strategischen Hintergrund: Man wollte den Öresundzoll der Dänen umgehen. 58 000 Soldaten gruben von 1810 bis zur Eröffnung 1832 per Hand 90 Kanalkilometer, die geschickt natürliche Gewässer integrieren. 58 Schleusen überwinden dabei einen Höhenunterschied von rund 90 m. Schon wenige Jahrzehnte nach seiner Eröffnung verlor der Göta-Kanal seine wirtschaftliche Bedeutung, da die Schleusen zu klein für die neuen Schiffsgenerationen waren. Als Touristenattraktion ersten Ranges ist er heute wiederauferstanden ▸ **Seitenblick S. 96.**

- 618 93 Kolmården | Tel. 010/708 77 00
  www.kolmarden.com

STENDÖRREN 🏴 D3

Das Naturschutzgebiet erreicht man über einen Abzweig von der Str. 219 zwischen Nyköping und Vagnhärad. Ein Teil des Gebiets liegt auf dem Festland, der Rest verteilt sich auf die vorgelagerten Inseln, auf die man zu Fuß über Hängebrücken oder per Boot gelangt. Es gibt beschilderte Wanderwege, offizielle Lagerplätze für Kanuten und Wanderer sowie Aussichtspunkte, von denen man einen schönen Blick auf die Schärenlandschaft hat. Im **Naturum** in Aspnäset bekommt man Informationen (Tel. 01 55/26 31 80, Mai–Sept. tgl. geöffnet).

TROSA 6 🏴 D2

Die malerische kleine Küstenstadt wurde im 19. Jh. als Badeort geschätzt und hat sich erstaunlich viel Charme der alten Zeit bewahrt. Der Hafen ist ein beliebtes Ziel der Stockholmer Freizeitboote, und im Sommer ist entsprechend viel los.

INFO
Trosa Turistbyrå
- Västra Långgatan 4 | 619 35 Trosa
  Tel. 01 56/522 22 | www.trosa.com

HOTELS
Bomans Hotel €€€
Kleinerer Familienbetrieb mit aufmerksamem Service und guter Küche.
- Östra Hamnplan 1 | 619 30 Trosa
  Tel. 01 56/525 00 | www.bomans.se

Trosa Stadshotell €€€
Traditionsbewusstes Haus mit erstklassigen Wellnessangeboten.
- Västra Långgatan 19 | 619 35 Trosa
  Tel. 01 56/170 70
  www.trosastadshotell.se

SCHLOSS GRIPSHOLM 9 🏴 D2

Das Schloss im romantischen Städtchen **Mariefred** 7 🏴 D2 am Mälaren ließ Gustav Vasa um 1530 erbauen. Seit dem 18. Jh. bietet es den Rahmen für die königliche Porträtsammlung, die nun über 4000 Gemälde umfasst (www.kungahuset.se, Mai–Sept. tgl. 10–16, April, Okt., Nov. Sa, So 12–15 Uhr). Im deutschsprachigen Raum wurde es durch Kurt Tucholskys gleichnamige Erzählung bekannt. Der in Berlin geborene Schriftsteller (1890–1935) emigrierte 1929 nach Schweden, wo er sich später das Leben nahm. Sein Grab ist im hinteren Teil des Mariefreder Friedhofs zu finden.

Gegenüber vom Schloss befindet sich **Grafikens Hus** mit Ausstellungen moderner grafischer Kunst und Ateliers. Das Heimatmuseum **Callanderska Gården** zeigt Alltag und Handwerk im Mariefred des 18. Jhs.

Im Sommer verkehrt das Nostalgieschiff »S/S Mariefred« mehrmals wöchentlich zwischen Mariefred und Stockholm (einfache Fahrt 3,5 Std., Tel. 08/669 88 50, www.mariefred.info). Hübsch ist die historische **Schmalspurbahn,** die vom Bahnhof Mariefred aus Touren im offenen Wagen anbietet.

Schloss Gripsholm diente zeitweise auch als Sitz der Königswitwen

INFO

Mariefreds Turistbyrå

• Kyrkogatan 13 | 647 30 Mariefred
Tel. 01 52/297 90
www.strangnas.se/turism

HOTEL

Gripsholms Värdshus €€€
In Schwedens ältestem Gasthaus sorgen
die Deckendekors für ein unverwechsel-
bares Ambiente. Beste Küche.

• Kyrkogatan 1 | 647 30 Mariefred
Tel. 01 59/347 50
www.gripsholms-vardshus.se

STRÄNGNÄS 8 ▮ D2

In der idyllisch am Ufer des Mälar-
sees gelegenen Kleinstadt mit 14 800
Einwohnern wählte die Reichsver-
sammlung am 6. Juni 1523 Gustav
Vasa zum ersten König des geeinten
Schwedischen Reiches. Bereits in
früheren Jahrhunderten war der
Ort mit dem Bischofssitz und dem
Dom (12. Jh.) eine der wichtigsten
Städte der Region gewesen. Noch

älter sind Runensteine und Grabhügel, an denen besonders die Insel
Selaön bei Åsa reich ist.

HOTEL

Hotel Bishops Arms €€
Schickes Design in den Zimmern und der
Bar des Hauses; Restaurant mit Terrasse.

• Gyllenhjelmsgt. 20 | 645 30 Strängnäs
Tel. 01 52/228 80 | www.elite.se

BIRKA 9 ▮ D2

Die einstige Wikingerstadt auf der
Insel Björkö war 750–950 Stockholms Vorgängerin als nordisches
Macht- und Wirtschaftszentrum.
Samt der Ruine des Königspalastes
auf der Nachbarinsel gehören die
Ausgrabungen zum UNESCO-Weltkulturerbe. Mittels Fundstücken
und Modellen beschreibt das **Wikin-
germuseum** den Alltag der Bewohner (nur im Sommer, Boote ab
Strängnäs, Tel. 01 52/296 99; auch
ganztägige Bootstouren ab Stockholm: www.stromma.com).

ESKILSTUNA 10 🏛 D2

In der Stadt (76 000 Einw., eskilstu na.nu) am Mälarsee gründete König Karl X. Gustav im Jahr 1650 die berühmten **Rademacherschmieden;** erster Leiter war Meisterschmied Reinhold Rademacher. Historische Gebäude zeugen heute von dem 350 Jahre währenden Betrieb (Gelände ganzjährig geöffnet, Museum nur Juli–Aug. 11–16 Uhr).

ÖREBRO 11 🏛 C2

Die Stadt (122 000 Einw.) ist Verwaltungszentrum und Verkehrsknotenpunkt am westlichen Ende des Hjälmaren. Größte Sehenswürdigkeit ist das **Örebro Slott,** eines der Wasa-Schlösser, mit einer Baugeschichte, die bis ins 13. Jh. zurückreicht (tgl. 10–18 Uhr).

INFO

InfoPoint Örebro
• Im Südwestturm von Schloss Örebro
  701 35 Örebro | Tel. 019/21 56 71
  www.visitorebro.se

HOTEL

Behrn Hotell €€
Privat geführtes 4-Sterne-Hotel im Zentrum mit klassisch-schwedischem Schick.
• Stortorget 12 | 702 11 Örebro
  Tel. 019/12 00 95 | www.behrnhotell.se

NORA 12 🏛 C2

Die schachbrettförmige Kleinstadt (6800 Einw.; www.visitnora.se) besitzt eine der schönsten Holzhaus-Altstädte Schwedens. Noras Aufstieg

erfolgte dank der Eisenerzgruben der Umgebung, v. a. der nahen Hüttenanlage **Pershyttan.** Mitte des 19. Jhs. entstand eine eigene Eisenbahnlinie für den Eisenerztransport von Nora nach Örebro. Heute verkehren im Sommer immer noch Dampfloks (www.nbvj.se).

HOTEL

Nora Stadshotell €€
Solide und gediegen; mit Restaurant.
• Rådstugugatan 21 | 713 31 Nora
  Tel. 05 87/31 14 35
  www.norastadshotell.se

HALLSTAHAMMAR 13 🏛 D2

Ein weiterer wichtiger Ort der historischen Bergbauregion Bergslagen ist die Kleinstadt Hallstahammar (11 500 Einw.). Hier, an der Doppelschleuse des Strömsholms-Kanals, wurde im 18. Jh. der gesamte Eisentransport per Schiff geregelt. Das kleine **Skantzen Kanalmuseum** ist einer der vielen Standorte des überregionalen Ekomuseum Bergslagen (www.ekomuseum.se), dem alle ca. 50 bergwerkshistorischen Sehenswürdigkeiten zugeordnet sind.

VÄSTERÅS 14 🏛 D2

Die moderne Hauptstadt von Västmanland (124 000 Einw.) hat ihre historischen Gebäude zum Teil ins **Vallby Friluftsmusem** transferiert. Auf dem Areal wurde u. a. ein 40 m langes Wikingerlanghaus für eine Großfamilie samt Vieh rekonstruiert. Das **Västmanlands Länsmuseum** im Schloss von Västerås veranschaulicht die Bedeutung von Bergbau, Eisenhütten und Hammerschmieden für die gesamte Region. 5 km außerhalb liegt das Dorf Skultuna, dessen Messingwerk **Skultuna Bruk** seit 1607 produziert. Sehenswert sind die Produkte aus der Zeit vor Einführung der Elektrizität (www.skultunafabriksbutiker.se, Mo bis Fr 11–18, Sa, So bis 17 Uhr).

INFO
Västerås Turistbyrå
• Konserthuset | Kopparbergsvägen 1
  722 13 Västerås | Tel. 021/39 01 00
  www.visitvasteras.se

HOTEL
Hotel Plaza €€–€€€
Komfortable Zimmer in einem Hochhaus mit Mälaren-Panorama.
• Kopparbergsv. 10 | 722 13 Västerås
  Tel. 021/10 10 10 | plazavasteras.se
  (Zimmerbuchung über Best Western)

ÄNGELSBERG 15 📖 D1

Seit dem 17. Jh. wird in Ängelsberg Eisenerz geschmolzen. Über den Fluss Kolbäcksån und später auf dem **Strömsholms-Kanal** wurde es zum Mälarsee und weiter nach Stockholm abtransportiert. Die Eisenhütte **Engelsbergs Bruk** ⭐ gehört zum UNESCO-Weltkulturerbe (im Sommer tgl. ab 11 Uhr geöffnet, Infos bei Fagersta Turism, Tel. 02 23/131 00). Die weitläufige Anlage mit Gutshaus und Arbeiterwohnungen, Schmelzofen, Schmiede usw. liegt versteckt im Wald. Am besten erreicht man sie von Süden aus über Ramnäs.

SALA 16 📖 D1

Die **Silbermine** ⭐ von Sala (14 000 Einw.) war während der schwedischen Großmachtzeit von höchster Bedeutung für die Staatskasse. Ende des 15. Jhs. begann der Abbau des Erzes, die Stollen reichten 318 m tief; heute kann man bis auf 60 m in die Schächte hinabsteigen (www.salasilvergruva.se, Mai–Sept. tgl. 11 bis 17 Uhr, sonst kürzer und Mo geschl.). Das angeschlossene **Grubenmuseum** dokumentiert Lebens- und Arbeitsbedingungen der früher zur Grubenarbeit eingesetzten Kriegs- und Strafgefangenen.

ÖSTERBYBRUK 17 📖 E1

Hinter Gimo mit den historischen Eisenhütten und dem dazugehörenden Herrenhof aus dem 17./18. Jh. lernt man in Österbybruk ein besonderes Kapitel schwedischer Industriegeschichte kennen. Im 17. Jh.

Das Gräberfeld Anundshög bei Västerås mit Schiffssetzungen

holte der holländische Bankier und Industrielle Louis de Geer wallonische Schmiede ins Land, die die Eisengewinnung optimierten. Die hiesige **Eisenhüttenanlage** samt Herrenhaus, Schmieden und Arbeitersiedlung ist die besterhaltene Wallonenwerkstatt dieser Zeit (Café und Ausstellungen).

INFO
Vallonbruk i Uppland Turistbyrå
• Im linken Flügel des Österbybruks Herrgård | 748 32 Österbybruk
  Tel. 07 67/65 06 60
  www.roslagen.se/en/vallonbruken

HOTEL
Wärdshuset Gammel-Tammen €€
Niveauvolles Hotel in ehemaligem Gutshof. Spezialarrangements für Golfer.
• Österbybruks Herrgård
  116 46 Österbybruk
  Tel. 02 95/212 00
  www.gammeltammen.se

GRISSLEHAMN 18 🏛 E1

In dem romantischen Ort (www.grisslehamn.se) an der Nordspitze der **Insel Väddö** erlebt man den rauen Charme der äußeren Schären. Weit öffnet sich hier der Blick über den Bottnischen Meerbusen mit den finnischen Ålandinseln, die man von hier per Fähre erreicht (3 Std.; www.eckerolinjen.se).

Im Ort kann man das Atelier und Wohnhaus des schwedischen Karikaturisten und Schriftstellers **Albert Engström** (1869–1940) als **Museum** besichtigen (Mitte Juni–Mitte Aug. tgl. 11–17 Uhr).

HOTEL
Hotell Havsbaden €€€
Umfassend renoviertes, ehemaliges Kurhotel am Fischerhafen in reizvoller Schärenlandschaft. Viel Komfort mit Stil und 2000 m² großer Wellnessbereich.
• Skatuddsvägen 18
  764 56 Grisslehamn | Tel. 01 75/309 30
  www.hotellhavsbaden.se

FURUSUND 19 🏛 E2

Der kleine Ort liegt am gleichnamigen engen Sund, wo man die vorbeiziehenden Kreuzfahrt- und Fährschiffe von Stockholm in Richtung Finnland aus nächster Nähe beobachten kann. Eine kostenlose Fähre führt auf die gegenüberliegende Seite, wo man mit einer weiteren Fähre auf die schöne Insel **Blidö** übersetzen kann. Am Wochenende kann es an den Fähren für Autos zu langen Wartezeiten kommen – Fahrräder sind die bessere Alternative!

VAXHOLM 20 🏛 E2

Das auf einer großen Schäreninsel gelegene Vaxholm (5300 Einw.) ist mit dem Auto erreichbar. Seit Mitte des 19. Jhs. verbringen die Stockholmer hier gern den Sommer, vor allem weil Vaxholm ein idealer Ausgangspunkt für Schärentouren ist.
› mehr S. 12 Punkt ❷ Zum Wintertraum wird der Ort, wenn das Meer zugefroren ist und die Schlittschuhlangläufer gen Ostsee flitzen.

HOTEL
Waxholms Hotell €€€
Schön gelegenes Hotel mit 42 Zimmern.

Die 1477 gegründete Universität von Uppsala ist eine der ältesten Europas

- Hamngatan 2 | 185 21 Vaxholm
  Tel. 08/54 13 01 50
  www.waxholmshotell.se

- Stora Nygatan 3 | 193 30 Sigtuna
  Tel. 08/59 25 01 00
  www.sigtunastadshotell.se

SIGTUNA 21 ⭐ ▌ D2

Das malerische Sigtuna (9800 Einw.; www.destinationsigtuna.se) am Mälaren war Stockholms Vorgänger als Hauptsitz im Reich der Svear. Der christianisierte Stamm gründete hier 980 als Nachfolgerin der Wikingersiedlung Birka › S. 121 die erste Stadt Schwedens. 995 ließ König Oluf Skötkonung hier die ersten schwedischen Münzen prägen. Sie sind, neben vielen Wikingerschmuckstücken, im **Sigtunamuseum** ⭐ ausgestellt (Mo–Fr 11–19, Sa, So bis 16, Febr.–Mai Di–So 12–16 Uhr, von Okt.–April gratis). Berühmt ist das **Rathaus** von 1744 – es gilt als das kleinste Schwedens.

HOTEL

Sigtuna Stads Hotell €€€
Exklusives Traditionshaus mit schicken Designmöbeln. Hohe Kochkunst wird im Restaurant zelebriert.

SKOKLOSTER 22 ⭐ ▌ D2

Schloss Skokloster wurde 1654 erbaut und mit verschwenderischer Pracht eingerichtet. Es ist die stilreinste Barockanlage Schwedens, seine Kunstsammlungen werden in wechselnden Ausstellungen präsentiert (Tel. 08/402 30 60, www.skoklosterslott.se, Juni–Aug. tgl. 11–17, Mai, Sept. Sa, So 11–16 Uhr).

UPPSALA 23 ▌ D1

In der Hauptstadt der Provinz Uppland (161 000 Einw.) wurde 1477 die erste Universität Nordeuropas gegründet. Studenten prägen bis heute das Bild der Stadt. Im eindrucksvollen, aus rotem Backstein errichteten **Dom** (Ende 13. Jh., Umbau 19. Jh.) liegt Gustav Vasa begraben. Er ließ auch das gewaltige rote **Schloss** 1549 auf der Anhöhe oberhalb von Dom und Stadt bauen.

Teile des Schlosses nutzt heute das **Kunstmuseum** (Di–So 12–17, Mi bis 20 Uhr). Im Museum starten auch die Schlossführungen (Tel. 018/727 24 82).

Lohnend ist der Besuch im Haus des Botanikers Carl von Linné (1707 bis 1778) sowie ein Spaziergang durch den **Linnéträdgården,** einen hübschen kleinen botanischen Garten mitten in der Stadt (Svartbäcksgatan 27, www.botan.uu.se, Juni bis Aug. tgl. 11–17, Mai, Sept. Di–So 11–17 Uhr). Sein Experimentierfeld hatte der Botaniker etwas außerhalb von Uppsala in **Linnés Hammarby,** wo sein Sommerhaus steht (www.botan.uu.se, Mai–Aug. Di–So 11–17 Uhr, Sept. nur Fr–So, das Haus kann nur im Rahmen einer Führung besichtigt werden).

Nördlich von Uppsala zeugen die Grabhügel von **Gamla Uppsala** davon, dass der Ort schon zur Wikingerzeit und davor Häuptlingssitz und Thingplatz war (Juni–Aug. tgl. 11–17, Mai, Sept. 10–16, sonst Mo, Mi, Sa, So 12–16 Uhr).

Über die Stadthistorie informiert das **Upplandsmuseum** (Di–So 12 bis 17 Uhr) in der früheren Mühle am Flüsschen Fyrisån.

INFO

Uppsala Turism
- Stationsgatan 20A | 753 40 Uppsala
  Tel. 018/727 48 00
  www.destinationuppsala.se

HOTELS

Clarion Hotel Gilet €€
Modernes Hotel im Zentrum von Uppsala mit 161 Zimmern.

- Dragarbrunnsgatan 23
  753 20 Uppsala
  Tel. 018/68 18 00
  www.nordicchoicehotels.se

Grand Hotell Hörnan €€
Hübsches Hotel mit 37 Zimmern in einem Stadthaus aus der Gründerzeit.
- Bangårdsgatan 1 | 753 20 Uppsala
  Tel. 018/13 93 80
  www.grandhotellhornan.com

Sunnersta Herrgård €
Gästehaus mit 40 netten Zimmern in einem ehemaligen Herrenhof; in unmittelbarer Nähe eines kleinen Sees gelegen.
- Sunnerstavägen 24 | 756 51 Uppsala
  Tel. 018/32 42 20
  www.sunnerstaherrgard.se

RESTAURANT

Hambergs Fisk €
Gut geeignet für den Mittagsimbiss.
- Fyristorg 8 | 753 10 Uppsala
  Tel. 018/71 21 50 | www.hambergs.se
  So, Mo geschl.

CAFÉ

Güntherska Hovkonditoriet
Eine Institution und eines der ältesten Cafés der Stadt, elegant und zentral gelegen; auch Mittagstisch.
- Östra Ågatan 31 | 753 22 Uppsala
  Tel. 018/13 07 57
  www.guntherska.se

NIGHTLIFE

Flustret
Restaurant, Bar, Klub und Eventlocation in einem Theaterpavillon aus dem 19. Jh.
- Flustergränd 5 | 753 09 Uppsala
  Tel. 018/10 04 44
  www.flustret.se

STOCKHOLM

Beliebtes Fotomotiv bei den Besuchern Stockholms ist die Wachablösung am Königlichen Schloss

Stockholm hat nicht nur ein schönes Gesicht, die Hauptstadt Schwedens hat auch einen spannenden Charakter. Das Leben im Zentrum von Politik, Wirtschaft und Medien prägt die Metropole und ihre Bewohner.

Auf 14 Inseln liegt Stockholm; die Gemeinde Stockholm hat ca. 965 000 Einwohner, die Stadt etwa 1,7 Mio.; in der Metropolregion Stockholm leben rund 2,35 Mio. Menschen. Gegründet wurde die Stadt Mitte des 13. Jhs. an der strategisch wichtigen Mündung des Mälarsees in die Ostsee. Nie wurde sie Opfer kriegerischer Zerstörung, sodass Mittelalter und Moderne sich in effektvollem Kontrast begegnen. Größere bauliche Veränderungen waren zumeist die Folge von Bränden – woraufhin seit dem 17. Jh. an den Hauptstraßen nur noch in Stein gebaut werden durfte – oder radikaler Beschlüsse. Der Stadtbezirk Norrmalm zum Beispiel entstand in den 1960er-Jahren komplett auf dem Reißbrett. Die Altstadt Gamla Stan hingegen hat ihr Erscheinungsbild seit Jahrhunderten bewahrt. Heute gehen ganz selbstverständlich von Stockholm die Impulse für Moden und Trends aus, die in Schweden eine viel schnellere Durchschlagskraft haben als etwa im föderal geprägten Deutschland. Erfolgsverwöhnt erobern junge Kreative nicht nur das eigene Land: Was Musik, Design und Mode betrifft, ist Stockholm für die europäische Avantgarde interessanter als man denkt.

TOUREN DURCH DIE STADT

DURCH GAMLA STAN

ROUTE: Kungliga Slottet › Slussen › Katarinahissen › Riddarholmskyrkan › Riksdag › Norrbro-Brücke › Kungliga Slottet

KARTE: Seite 130

DAUER: 2 Std.

PRAKTISCHER HINWEIS:

- Am bequemsten nutzt man die Busse und die Metro mit der Travel Card beziehungsweise dem Stockholm Pass, der u. a. den Eintritt in über 60 Museen und Attraktionen einschließt – für 1 Tag (669 SEK), 2 (929 SEK), 3 (1129 SEK) oder 5 Tage (1479 SEK). Infos beim Stockholm Visitor Center › S. 135 oder online unter www. stock holmpass.de.

TOUR-START:

Ausgangspunkt ist das **Kungliga Slottet** **1** › S. 132, noch heute der Amtssitz des Königs; bei Touristen beliebt sind die Wachwechsel (Mo bis Sa 12.15, So 13.15 Uhr, im Winter nur Mi, Sa und So). Vom Hügel Slottsbacken blickt man hinüber auf die Halbinsel Blasieholmen mit dem Nationalmuseum. Wie schmal die Gassen der gepflegten Altstadt sein können, erlebt man bei einem Gang durch die **Österlånggatan** ▮ c3, deren Südende Kunsthandwerkerläden und Restaurants säumen.

Viele enge Gassen verbinden die Österlånggatan mit der Uferstraße **Skeppsbron** ▮ b4–c3, die trotz des starken Verkehrs zu den teuersten Lagen Stockholms zählt. Alle südwärts laufenden Altstadtstraßen treffen sich bei **Slussen** ▮ b4, einer Schleuse, die als Übergang des Mälarsees zur Ostsee gilt. Slussen bezeichnet zudem den Verkehrsknotenpunkt am Übergang zwischen Gamla Stan und Södermalm. Bis ca. 2022 wird hier eine Riesenbaustelle sein für den Um- und Neubau von Slussen. Der fast 40 m hohe Aufzug **Katarinahissen** ▮ b/c4 mit einer Aussichtsplattform (Zugang besteht über die Fußgängerbrücke nahe des Mosebacke torg in Södermalm) ist nicht mehr in Betrieb.

Die **Västerlånggatan** ▮ b3 ist die touristischste Straße Stockholms. Doch zwischen Souvenirläden und Restaurants finden sich auch viele normale Geschäfte – die Altstadt ist kein Museum, sondern ein Ort, wo man arbeitet und wohnt. Anders sieht es auf der Nachbarinsel **Riddarholmen** ▮ a3–b3 aus, in deren Gebäudeensemble heute Verwaltung und Justiz residieren. Doch der Abstecher lohnt sich wegen der formidablen Aussicht hinüber zum **Stadshuset** **4** › S. 132 sowie wegen der **Riddarholmskyrkan** ▮ b3, wo zahlreiche schwedische Könige ihre letzte Ruhe gefunden haben (Mitte Mai bis Sept. tgl. 10–17 Uhr).

Auf dem Rückweg in Richtung Schloss passiert man mit dem **Riddarhuset** ▮ b3 den Palast, in dem sich der schwedische Adel einst zu Beratungen traf. Die nach links abzweigende autofreie Riksgatan führt mitten durch den auf der kleinen Insel Helgeandsholmen gelegenen **Riksdag** ▮ b2/3 und stellt die wichtigste Verbindung für Fußgänger zwischen dem modernen Zentrum Norrmalm und der Altstadt dar.

Zurück zum Schloss geht es schließlich über die **Norrbro-Brücke** ▮ b2. Neben der ältesten Steinbrücke Stockholms befindet sich das **Medeltidsmuseet** **3** › S. 132.

MUSEUMSTOUR ZUR INSEL DJURGÅRDEN

ROUTE: Skeppsbron › Gröna Lund › ABBA-Museum › Liljevalchs Konsthall › Vasamuseet › Nordiska Museet › Skansen

KARTE: Seite 130

DAUER: 3–5 Std.

PRAKTISCHE HINWEISE:

- Statt per Schiff gelangt man auch vom Stadtteil Östermalm über den Strandvägen auf die Halbinsel Djurgården. Das geht mit der Tram ab Norrmalmstorg (Juli, Aug. Di bis So ab 11 Uhr alle 12 Min., sonst nur Sa, So, Ende Dez.–Ende März kein Verkehr) oder mit dem Auto, das man auf dem großen Parkplatz am Vasamuseet abstellen kann.
- Fähren ab Slussen > S. 129 (Mo bis Fr ab ca. 7.40, Sa, So ab 9 Uhr alle 15–20 Min.) bzw. ab Skeppsbron. Beim Anlegen gut festhalten!

TOUR-START:

Die Fahrt mit der Fähre von der Altstadt hinüber nach Djurgården ist herrlich. Hat man die Spitze von Kastellholmen umrundet, fällt **Gröna Lund** ■ e3, einer der schönsten Freizeitparks Schwedens, mit seinen Fahrgeschäften ins Auge. Der Blick

vom Kettenkarussell über das Wasser ist einfach sensationell (www.gronalund.com, Juni–Aug. mind. 12 bis 22 Uhr). Und nur wenige Schritte davon entfernt steht im **ABBA-Museum** 13 > S. 134 der Spaß rund um die Kultband im Vordergrund. Die benachbarte **Liljevalchs Konsthall** ■ e3 zeigt Wechselausstellun-

TOUREN IN STOCKHOLM

TOUR ⑪

DURCH GAMLA STAN

Kungliga Slottet > Slussen > Katarinahissen > Riddarholmskyrkan > Riksdag > Norrbro-Brücke > Kungliga Slottet

TOUR ⑫

MUSEUMSTOUR ZUR INSEL DJURGÅRDEN

Skeppsbron > Gröna Lund > ABBA-Museum > Liljevalchs Konsthall > Vasamuseet > Nordiska Museet > Skansen

1. Kungliga Slottet
2. Storkyrkan
3. Medeltidsmuseet
4. Stadshuset
5. Kulturhuset
6. Moderna Museet
7. Nationalmuseum
8. Östermalms Saluhall
9. Historiska Museet
10. Nordiska Museet
11. Vasamuseet
12. Skansen
13. ABBA-Museum

gen zeitgenössischer Kunst (www.liljevalchs.se, Di–Do 12–20, Fr–So 11–17 Uhr). Entlang der Uferpromenade gelangt man zum **Vasamuseet** 11 › S. 134, und nebenan zeigt das **Nordiska Museet** 10 › S. 134 unter anderem eine volkskundliche Sammlung sowie historische Möbel. Der Hazeliusbacken bringt einen an-

schließend zum Eingang des Freilichtmuseums **Skansen** 12 › S. 134, das neben historischen Häusern aus ganz Schweden auch Gehege mit einheimischen Tieren bietet. Hier finden zu nationalen Feiertagen offizielle Veranstaltungen statt. Und bei Skansen steigt man dann wieder in die Straßenbahn.

UNTERWEGS IN STOCKHOLM

GAMLA STAN ⭐ 10 📖 b3–c3

Für einen Spaziergang durch die engen Altstadtgassen sollte man sich Zeit nehmen, denn die Geschlossenheit der Bebauung mit ihren mittelalterlichen Ziegelfassaden und Renaissancegiebeln und die lebendige Atmosphäre sind ein Erlebnis.

KUNGLIGA SLOTTET 1 📖 b3

Der wuchtige Barockpalast thront auf dem höchsten Punkt der Insel Stadsholmen. Entstanden ist das Königliche Schloss in der ersten Hälfte des 18. Jhs., nachdem Schloss Tre Kronor 1697 abgebrannt war. Das Schloss dient dem König als Repräsentations- und Arbeitsstätte. Er und seine Familie wohnen jedoch auf Schloss Drottningholm › S. 134.

Besichtigt werden können u. a. die Ballsäle und das Schlafzimmer Gustavs III.; die Reichsinsignien sowie Preziosen sind in der **Schatzkammer** zu sehen. In der **Livrustkammaren** (Leibrüstkammer) sind Prachtkarossen und Ritterrüstungen ausgestellt (www.kungahuset.se, Mai–Sept. tgl. 10–17, sonst Di–So 10–16 Uhr).

STORKYRKAN 2 📖 b3

So alt wie die Stadt ist die heutige Krönungskirche der schwedischen Könige, die Ende des 13. Jhs. in direkter Nachbarschaft zu Tre Kronor erbaut wurde. Das markante Bauwerk prägt die historischen Stadtansichten, wie etwa den Stich »Väder-solstavlan« von 1535, der an der Südwand im Kirchenschiff hängt. Der barocke Turm ist aus dem 18. Jh.

MEDELTIDSMUSEET 3 📖 b2

Beim Umbau des Reichstags Ende der 1970er kamen Reste der mittelalterlichen Stadtmauer zutage, um die herum kurzerhand ein Museum erbaut wurde. Mit über 800 Exponaten und thematischen Wechselausstellungen zeigt es das Leben in Stockholm im Mittelalter (www.medeltidsmuseet.stockholm.se, Di bis So 12–17, Mi bis 20 Uhr, gratis).

IM ZENTRUM

STADSHUSET 4 📖 a2/3

Das Rathaus mit der markanten roten Klinkerfassade ist ein Wahrzeichen Stockholms. Seine Turmspitze zieren drei goldene Kronen, das Reichssymbol. Das Stadshuset entstand nach mittelalterlichen Vorbildern und wurde 1923 eingeweiht (Öffnungszeiten/Führungen: www.international.stockholm.se, Menüpunkt »The City Hall«; Turm und Turmmuseum sind Mai–Sept. geöffnet; Info-Tel. 08/50 82 93 49).

In den prächtigen **Festsälen** findet jedes Jahr das Bankett der Nobelpreisverleihung statt. Das dabei servierte Menü können auch Nichtgeladene probieren, nämlich im stilvollen Restaurant **Stadshuskällaren** in den Kellergewölben des Rathauses (Tel. 08/58 62 18 30, www.stadshuskallarensthlm.se, €€–€€€).

KULTURHUSET 5 📖 b2

Im Zuge der Neugestaltung des Klaraviertels 1968–1974 entstand dieses Forum mit seiner gläsernen Fassade. Es bietet eine Plattform für Theater, Ausstellungen und Lesungen sowie mehrere Cafés (www.kul turhusetstadsteatern.se). Im Untergeschoss lockt **Design Torget.** Der Laden hat neben bekannten Klassikern auch Designprodukte aufstrebender Nachwuchstalente im Angebot (www.designtorget.se, Mo–Fr 10 bis 20, Sa bis 19, So 11–18 Uhr).

Etwas weiter östlich ist das 1915 eröffnete Kaufhaus **Nordiska Kompaniet (NK)** zu finden: Unter dem großen Glasdach kann man in mehr als 100 Shops ausgiebig nach Mitbringseln suchen (Hamngatan 18 bis 20, www.nk.se, Mo–Fr 10–20, Sa bis 18, So 11–17 Uhr).

Auf dem Turm des Stadshuset sind die drei goldenen Kronen des Staatswappens

MODERNA MUSEET 6 📖 d3

1998 eröffnete das vom spanischen Architekten Ralf Moneo entworfene **Museum für moderne Kunst,** das auch ein **Architekturmuseum** beherbergt. Nach einer umfassenden Renovierung zeigt es nun wieder seine wirklich großartigen Sammlungen moderner Kunst des 20. Jhs. sowie wechselnde Ausstellungen international renommierter Künstler (Tel. 08/52 02 35 00, www.moderna museet.se, Di, Fr 10–20, Mi, Do 10 bis 18, Sa, So 11–18 Uhr).

NATIONALMUSEUM 7 📖 c2

Das 150 Jahre alte Nationalmuseum wurde 2013–2018 umfassend renoviert. Ein Schwerpunkt der Sammlungen ist die schwedische Malerei des 18. und 19. Jhs. (Södra Blasieholmshamnen, Di–Sa 11–19, Do bis 21 Uhr, www.nationalmuseum.se, gratis bis auf Sonderausstellungen).

ÖSTERMALMS SALUHALL 8 📖 c1

In der 1888 erbauten historischen Markthalle bekommt man feinste Delikatessen aus Meer, Wald und Feld. Während der Renovierung bis Winter 2020 präsentieren sich die Stände in einem Pavillon (www.os termalmshallen.se).

HISTORISKA MUSEET 9 📖 d1

Das Historische Museum dokumentiert Schwedens Frühgeschichte bis 1523, dem Geburtsjahr des schwedischen Staates. Sehenswert sind vor allem die **Guldrummet** (Goldkammer) mit Gold- sowie Silberkunst aus der Zeit der Völkerwanderung und Wikinger sowie die Wikingerausstellung (www.historiska.se, Juni bis Aug. tgl. 10–17, sonst Di–So 11 bis 17, Mi bis 20 Uhr).

DJURGÅRDEN ◫ d2–e3

Die Halbinsel lockt mit einem breiten Angebot an Freizeitparks und erstklassigen Museen › Tour 12 S. 129.

NORDISKA MUSEET 10 ◫ d2

Das Nordische Museum beschreibt die Geschichte Schwedens seit Gustav Vasa, also seit 1520. Im Foyer steht denn auch eine gigantische Skulptur des ersten schwedischen Königs. Neben den Sammlungen von Trachten, Spielzeug, Möbeln und Interieurs seit dem 16. Jh. sowie einer Abteilung zum Volk der hauptsächlich in Nordskandinavien lebenden Sami werden Wechselausstellungen gezeigt (www.nordiska museet.se, Juni–Aug. tgl. 9–18, sonst 10–17, Mi bis 20 Uhr).

VASAMUSEET 11 ⭐ ◫ d2

Am 10. August 1628 sollte der Stolz der schwedischen Großmachtflotte, das prächtige Kriegsschiff »Vasa«, zur Jungfernfahrt aufbrechen. Doch nach nur wenigen Minuten kenterte es vor den Augen der Stockholmer. Nach 333 Jahren wurde die »Vasa« 1961 in einer spektakulären Aktion geborgen. Es gibt kein zweites Schiffswrack dieses Alters, das so gut erhalten ist. Komplett restauriert, samt teils originaler Takelage,

ist die Galeone heute fast so schön wie bei ihrem Stapellauf. Das Museum dokumentiert anhand von Ausstellungen, Filmen und Computersimulationen auch den historischen Zusammenhang, in dem die »Vasa« entstand (www.vasamuseet.se, Juni bis Aug. tgl. 8.30–18, sonst tgl. 10 bis 17, Mi bis 20 Uhr).

SKANSEN 12 ◫ e3

Das älteste Freilichtmuseum der Welt (1891) versammelt heute rund 150 authentische Gebäude aus ganz Schweden. An »Handwerkertagen« werden alte Produktionsweisen vorgeführt. Feste wie z. B. Mittsommer, St. Lucia und Weihnachten werden hier feierlich begangen (www.skan sen.se, tgl. mind. 10–15, im Sommer bis 20/22 Uhr). › mehr S. 16 Punkt 25

ABBA-MUSEUM 13 ◫ e3

Eine Attraktion für Fans des legendären Pop-Quartetts ist seit 2013 das ABBA-Museum. Wenn der Besucher sich hier auf die multimedialen Gimmicks einlässt, wird er am Ende wirklich singen und tanzen. Warteschlangen lassen sich durch Ticket-Vorbuchung vermeiden. Das Museum ist bargeldlos, Bezahlung auch im Shop ist nur mit Kreditkarte möglich (www.abbathemuse um.com, Mai–Aug. tgl. 9–20, sonst 10–17/18 Uhr).

AUSFLUG ZU SCHLOSS DROTTNINGHOLM ◫ E2

Königin Hedvig Eleonora gab 1662 den barocken Palast, 12 km westlich

Auf Schloss Drottningholm wohnt die königliche Familie

vor den Toren Stockholms gelegen, in Auftrag. Angeblich war es die gegenwärtige Monarchin Silvia, die 1981 veranlasste, dass die Familie mit den damals noch kleinen Kindern hinaus aufs Land zog.

Die UNESCO zählt den Bau samt der großen **Parkanlage**, dem **Chinesischen Schloss** und dem **Schlosstheater** zum Weltkulturerbe. Das Barocktheater ist das einzige in der Welt, dessen historische Bühnenmechanik noch voll funktionsfähig ist. Davon überzeugt im Sommer das Opernfestival (www.kungahuset.se, Mai–Sept. tgl. 10 bis 17, April, Okt. Di–So 10–16, sonst Sa, So 10–16 Uhr, zweite Hälfte Dez. geschl.; Führungen Juni–Aug. tgl. 10.30, 11.30, 13.30, 14.30, 15.30, Mai, Sept. ab 11.30, April, Okt. Di bis So 11.30, 13.30 Uhr; Theater: nur Führungen; der Park ist ganzjährig geöffnet; Schiffsverbindungen ab Stadshuskajen in Stockholm).

INFO

Stockholm Visitor Center

Hier gibt es u. a. den Stockholm Pass (669 SEK für 1 Tag; auch für 2, 3 oder 5 Tage erhältlich, www.stockholmpass.com), der z. B. freien Eintritt zu mehr als 60 Sehenswürdigkeiten beinhaltet. Wer noch die Travel Card dazukauft, kann auch den öffentlichen Nahverkehr unbegrenzt nutzen (24 Std. 130 SEK, 72 Std. 260 SEK).
• Sergels Torg 5 | 103 27 Stockholm
  Tel. 08/50 82 85 08
  www.visitstockholm.com
  Mo–Fr 9–10, Sa bis 16, So 10–16,
  im Sommer Mo–Fr 1 Std. länger

Arlanda Visitor Center
• Ankunftshalle Terminal 2 und 5
  Tel. 0 10/10 91 00 | Tgl. 6–23.45 Uhr

VERKEHRSMITTEL
• **Flugverkehr:** Arlanda, 40 km nördlich von Stockholm (Tel. 010/109 00 00, www.arlanda.com), gute Zug- und Busverbindungen in die Innenstadt. Direktflüge

von allen größeren Flughäfen Mitteleuropas; Drehscheibe für innerschwedische Flüge. Skavsta (Tel. 0155/28 04 00, www.skavsta.se), 100 km südlich bei Nyköping, Zug- und Busverbindungen.

- **Öffentliche Verkehrsmittel:** Stockholm verfügt über ein dichtes U-Bahnnetz *(tunnelbana)*, über gute Pendelzugverbindungen in die Vororte, Busse und ein Linienbootnetz. Kinder unter 7 Jahren fahren gratis. Zuständig ist Storstockholms Lokaltrafik (Tel. 08/600 10 00, www.sl.se).

HOTELS

Hotel Birger Jarl €€€
Von 14 schwedischen Designer eingerichtet: vom hellen Standardzimmer bis zur Suite mit Dachterrasse.
- Tulegatan 8 | Norrmalm
  Tel. 08/674 18 00 | www.birgerjarl.se

Mälardrottningen €€€
Die Luxusjacht aus den 1920ern liegt vor der Altstadt vor Anker: gediegenes Hotel mit Restaurant.

- Riddarholmskajen 4 | Riddarholmen
  Tel. 08/12 09 02 00
  www.malardrottningen.se

Radisson Blu Waterfront Hotel €€€
Neues Designhotel in einem preisgekrönten Gebäudekomplex.
- Nils Ericsons Plan 4 | Norrmalm
  Tel 08/50 50 60 00
  www.radissonblu.com

Nordic Light und **Hotel C** €€–€€€
Zwei sich gegenüberliegende Designhotels direkt am Bahnhof. Im größeren Hotel C befindet sich auch die Eisbar – Raumtemperatur -5 °C, Interieur inklusive der Gläser komplett aus Eis.
- Vasaplan | Norrmalm
  Nordic Light: Tel. 08/50 56 32 00
  Hotel C: Tel. 08/50 56 31 00
  www.nordichotels.se

Af Chapman €
Das schöne Jugendherbergsschiff ankert vor Skeppsholmen mit Blick auf Gamla Stan. Unbedingt rechtzeitig reservieren!

💬 DIE BLAU-GRÜNE STADT

Charakteristisch für Stockholm ist, dass es zu einem Viertel aus Wasser und Grünflächen besteht. In wohl keiner anderen Metropole kann man mitten im Zentrum baden oder angeln. Zu verdanken hat die Stadt dieses einmalige Freizeitpotenzial ihrer Lage auf 14 Inseln zwischen Ostsee und dem Mälarsee. Der schwedische Adel hat mit seinen von Parks und Grünanlagen umgebenen Schlössern und Herrensitzen, wie auf Djurgården oder im Hagapark, viel Grün in die Stadt gebracht. Und eine behutsame Bebauungspolitik wacht heute über diese Ressourcen. 1995 wurde ein großer Teil des Stadtgebiets, von Djurgården bis zu den Grünanlagen von Haga und Ulriksdal, zum **Ekoparken** mit Nationalparkstatus erklärt. Besuche von Schloss Ulriksdal und des Kupferzelts Gustavs III. im Hagapark kann man auch in eine Schiffsrundfahrt integrieren. Ein breites Angebot findet man bei den Reedereien Strömma und Waxholmsbolaget > **S. 97.**

- Flaggmansvägen 8 | Skeppsholmen
  Tel. 08/463 22 66
  www.svenskaturistforeningen.se

Långholmen Hotel €
Mit Witz und Liebe zum Detail umgebautes
ehemaliges Staatsgefängnis auf der Insel
Långholmen etwas südlich des Zentrums.
Hotel und Jugendherberge.
- Långholmsmuren 20 | Långholmen
  Tel. 08/720 85 00 | www.langholmen.com

RESTAURANTS

Smak – GruppF12 €€€
Sehr trendy sind die Häuser der GruppF12
wie das Smak. Fantastische neue Küche!
- Oxtorgsgatan 14 | Norrmalm
  Tel. 08/22 09 52 | www.smakstockholm.se
  www.gruppf12.com | So geschl.

Operakällaren €€€
Sternerestaurant mit stimmungsvollem
Interieur im Stil der Neorenaissance.
- Operahuset | Norrmalm
  Tel. 08/676 58 01 | www.operakallaren.se
  Di–Sa ab 18 Uhr

Volt €€€
Natürlich, direkt und ehrlich – das ist das
Bekenntnis dieses ausgefallenen Sterne-
restaurants.
- Kommendörsgatan 16 | Östermalm
  Tel. 08/662 34 00
  www.restaurangvolt.se
  Di–Sa ab 18 Uhr

Wedholms Fisk €€€
Eines der besten Fischrestaurants Stockholms, mehrfach preisgekrönt. Vor allem
die Saucen sind ganz ausgezeichnet.
- Arsenalsgatan 1 | Norrmalm
  Tel. 08/611 78 74 | www.wedholmsfisk.se
  So. geschl.

Den Gyldene Freden €€–€€€
Sehr gute schwedische Küche in einem
der ältesten Restaurants der Stadt mit
Gewölbekeller. > mehr S. 14 Punkt **14**
- Österlånggatan 51 | Gamla Stan
  Tel. 08/24 97 60
  www.gyldenefreden.se
  Mo–Fr 11.30–22, Sa 13–22 Uhr

Fjäderholmarnas Krog €€
Meeresfrüchte und Fisch dominieren die
Karte. Auf die Insel Fjäderholmarna verkehren Boote alle 30 Min. ab Slussen. Infos
auf der Webseite des Restaurants.
- Stora Fjäderholmen | Tel. 08/718 33 55
  www.fjaderholmarnaskrog.se
  Mai–Anfang Sept. tgl. ab 12 Uhr

Hermans €
Café mit Mittagstisch. Vegetarische Gerich-
te und tolle Aussicht über die Stadt. Im
Sommer Mi, Fr, Sa abends Livemusik.
- Fjällgatan 23B | Södermalm
  Tel. 08/643 94 80 | www.hermans.se
  Tgl. 11–22 Uhr

NIGHTLIFE

- Diskos und Bars ballen sich um Sture-
  plan sowie in Östermalm, v. a. an der
  Bibliotheksgatan.
- Einer der besten Livemusikklubs ist
  der **Fasching Jazzclub** (Kungsgatan 63,
  Norrmalm, www.fasching.se).
- Über mehrere Etagen verteilen sich
  Musik und Gäste in der **Sturecompagniet**
  (Sturegatan 4, Östermalm, www.sture
  compagniet.se).
- Eventklub und Diskothek ist die **Spy Bar**
  (Birger Jarlsgatan 20, Östermalm, www.
  stureplansgruppen.se).
- Beliebter Szene- und Promiklub ist das
  Café Opera (Operahuset, Norrmalm,
  www.cafeopera.se).

GOTLAND UND ÖLAND

Die mittelalterliche Stadtmauer von
Visby mit ihren Türmen und Toren ist
fast vollständig erhalten

Die beiden größten schwedischen Ostseeinseln bieten neben schönen Stränden auch viel Historisches wie etwa die mittelalterliche Stadt Visby auf Gotland oder die rekonstruierte Wehrburg Eketorp im Süden von Öland.

Auf Gotland, Schwedens größter Ostseeinsel, ist der Sommer mild und lang, was zusammen mit den langen Sandstränden viele Urlauber anlockt. Gotland ist aber auch kulturhistorisch interessant: Von der Frühzeit über die Wikinger bis hin zur Hanse im Spätmittelalter ziehen sich die Funde auf der Insel, die ein wichtiger Knotenpunkt alter Handelswege war. Visby, die Hauptstadt Gotlands, glänzt als mittelalterliches Weltkulturerbe. Für Radtouren bietet sich der markierte Weg Gotlandsleden an, der kreuz und quer über die ganze Insel führt.

Auch die kleinere Insel Öland, wo die Königsfamilie ihren Sommersitz hat, nehmen die Schweden im Sturm – über die 6 km lange Autobrücke vom Festland. Im Sommer ist in der Inselhauptstadt Borgholm dementsprechend der Bär los. Neben den kinderfreundlichen Stränden am Kalmarsund besitzt das karge, einsame Innere besonderen Reiz.

TOUREN IN DER REGION

TOUR 13

EINE RUNDE ÜBER GOTLAND

ROUTE: Visby › Tofta › Klintehamn › Burgsvik › Ljugarn › Katthammarsvik › Slite › Bläse › Fårösund › Sudersand

KARTE: Seite 140
DAUER: 2 Tage
PRAKTISCHER HINWEIS:
• Wer einen festen Standort auf Gotland hat, kann die Tour in mindestens drei Tagestouren unterteilen: je ein Tag für den Süden um Burgsvik, für den Osten um Ljugarn und für den Norden mit Fårö.

TOUR-START:
Vom südlichsten Punkt bei Hoburg bis zum Leuchtturm auf der Insel Fårö ganz im Norden streckt sich Gotland über 170 km auf gut ausgebauten Straßen (3,5 Std. Fahrzeit).

Ausgangspunkt ist die alte Hansestadt **Visby** **1** › S. 142. Auf dem Weg nach Süden lohnt ein Schlenker nach Högklint › S. 145, denn von der 48 m hohen Steilküste bietet sich ein weiter Blick bis nach Visby.

TOUR AUF GOTLAND

TOUR 13

EINE RUNDE ÜBER GOTLAND

Visby ▸ Tofta ▸ Klintehamn ▸ Burgsvik ▸ Ljugarn ▸ Katthammarsvik ▸ Slite ▸ Bläse ▸ Fårösund ▸ Sudersand

Schöne Badestrände gibt es dann bei **Tofta** 2 ▸ S. 145, während im Hafen von **Klintehamn** 3 ▸ S. 145 Frachtschiffe ihre Ladung umschlagen. Bei Sandvik führt eine Schotterpiste direkt an der Küste entlang nach Djupvik (auch: Djauvik), wo Ausflugsboote hinüber zu den unbewohnten Karlsinseln ablegen. Weiter südlich kann man mit Petes Gård einen restaurierten Bauernhof aus dem 19. Jh. besichtigen.

Über den kleinen Ort **Burgsvik** 4 ▸ S. 145 geht es dann zum südlichsten Punkt der Insel, wo eine Felsnase wie ein Gesicht aufs Meer schaut: im Volksmund *Hoburgsgubben* genannt, der alte Mann von Hoburg. Richtung **Ljugarn** 5 ▸ S. 145, ein beliebter Badeort, sollte man wenigstens eine der großen Landkirchen in Burs, När oder Lau besichtigen ▸ S. 145.

Über den Fischerort Katthammarsvik geht es hinauf in den Norden von Gotland. Am Steinbruch von Slite zeigt die Insel ihr weißes Kalksteinfundament, und in **Bläse** 7 ▸ S. 146 erzählt dann das Kalkofenmuseum die lange Geschichte der Kalksteinverarbeitung. Kurz vor Fårösund ▸ S. 147 erreicht man Bunge mit seinem Freilichtmuseum und einer Kirche mit sehr sehenswerten Kalkmalereien.

In Fårösund verbindet eine kostenlose Autofähre die Hauptinsel mit der benachbarten Insel **Fårö** 8 ▸ S. 147. Hier warten im Nordwesten die Raukar genannten bizarren Felsformationen, und im Osten bei Sudersand kann man sich auf schöne Sandstrände freuen.

VERKEHRSMITTEL

- Von Stockholm gibt es mehrmals tgl. **Flugverbindungen** nach Gotland.
- Mit **Fähren** erreicht man die Insel von Oskarshamn > S. 80 und Nynäshamn, 60 km südl. von Stockholm (tgl. Verbindungen, Fahrpläne und Buchungen: www.destinationgotland.se).
- Auf www.gotland.info wird man über die Anreisemöglichkeiten informiert.

FAHRT ÜBER ÖLAND

ROUTE: Färjestaden > Mörbylånga > Långe Jan > Eketorp > Gårdby > Löttorp > Borgholm

KARTE: Seite 141
DAUER: 2 Tage
PRAKTISCHER HINWEIS: Die Tour kann man gut in einen nördlichen und einen südlichen Teil aufsplitten.

TOUR-START:

Die Brücke von Kalmar > S. 73 trifft die Insel bei **Färjestaden** ⑨ > S. 147 in der Mitte der Westküste. Über Mörbylånga geht es nach Süden. Auf der Fahrt begleitet einen im Landesinneren die weite Heidelandschaft Stora Alvaret mit vielen Zeugnissen langer Besiedlung sowie einzigartiger Flora und Fauna. Die UNESCO rechnet diese Inselbesonderheit zum Weltkulturerbe.

An der Südspitze Ölands wacht der Leuchtturm Långe Jan; die Gegend ist wegen ihres Artenreichtums ein beliebtes Ziel zur Vogelbeobachtung. Erstes Highlight an der Ostküste ist dann die ehemalige Wehrburg **Eketorp** ⑫ > S. 148. Fährt man auf der einsamen Ostseite der Insel über das Örtchen Gårdby wieder gen Norden, trifft man auf die für Öland so typischen Windmühlen, zum Teil sogar in Reihe stehend. Sehr gut erhalten sind die Mühlen beim Freilichtmuseum Himmelsberga (www.himmelsbergamuseum.

TOUR AUF ÖLAND

TOUR ⑭

FAHRT ÜBER ÖLAND

Färjestaden > Mörbylånga > Långe Jan > Eketorp > Gårdby > Löttorp > Borgholm

com, Juni–Aug. tgl. 11–17 Uhr) und die bei Löttorp.

Während man um die Nordspitze kleine, einsame Strände findet, erreicht man an der Westküste mit der kleinen Stadt **Borgholm** 10 › S. 147 ein sommerliches Vergnügungszentrum der Schweden, wo auf einen erholsamen Strandtag abendliches Partyfeiern folgt.

UNTERWEGS AUF GOTLAND

VISBY 1 12 E4

Wie zur Hansezeit sind die mittelalterliche Stadtmauer, die Kirchen- und Wachtürme das Erste, was die Besucher von Visby (24 000 Einw.) wahrnehmen.

Die 3,5 km lange **Stadtmauer** vom Ende des 13. Jhs., die den Ort umschließt, ist mit über 50 Türmen und Toren nahezu vollständig erhalten. Die beiden »Löcher« rissen Angriffe der Lübecker sowie der Schweden Anfang des 16. Jhs. Mitte des 12. Jhs. boomte die einstige Wikingersiedlung. Bevor Lübeck im 13. Jh. die Führung des Hansebundes übernahm, war hier der wichtigste Handelsplatz im Ostseeraum. Eine dichte Bebauung mit Wohn- und Speicherhäusern aus Stein und ein gutes Dutzend Kirchen waren Ausdruck des Reichtums, an dem deutsche Handwerker und Händler maßgeblich beteiligt waren. Keine Stadt der Hansezeit ist so vollständig erhalten wie Visby. Und kaum eine kann sich einer so schönen Lage an einem Steilhang über der Ostsee rühmen.

Ein Rundgang sollte in **Almedalen,** dem einstigen Hafen, beginnen. Direkt hinter der Stadtmauer, an der Strandgatan, recken sich ein paar Speicherhäuser mit ihren Treppengiebeln auf. Über kopfsteingepflas-

Ruine der mittelalterlichen Kirche St. Karin in Visby

terte Gassen erreicht man den Dom **St. Maria,** 1225 als deutsche Kirche geweiht und das einzige mittelalterliche Gotteshaus, das heute noch genutzt wird. Der Platz Stora Torget grenzt an die beeindruckende Ruine von **St. Karin,** die 1233 von Franziskanermönchen gegründet wurde.

Noch überwältigender sind die Reste der gotischen Kirche **St. Nikolai** ⭐ (12. Jh.). Die am besten erhaltene Kirchenruine Visbys ist oft Schauplatz von Konzerten, u. a. der jährlich Ende Juli/Anfang August stattfindenden Kammermusikfestspiele (www. gotlandchamber.se).

8000 Jahre Kulturgeschichte von Visby und Gotland sind im Museum **Gotlands Fornsal** ⭐ interessant und anschaulich aufbereitet. In dem ehemaligen Kaufmannsspeicher aus der Hansezeit sind u. a. einzigartige Bildstöcke und ein Silberschatz aus der Wikingerzeit zu sehen (Strandgatan 19, www.gotlandsmuseum.se, Mai–Sept. tgl. 10–18, sonst Di–So 11–16 Uhr). Im Museumsshop kann man Replikate von archäologischen Fundstücken kaufen. Zum Komplex gehört auch **Gotlandium,** das sich anhand von Fossilien der Geologie und Frühgeschichte der Insel widmet.

INFO

Gotland Turistinformation Visby
• Donnerska huset | Donners plats 1
621 57 Visby | Tel. 0498/20 17 00
gotland.com

Gotlands Resor
Unterkünfte, Komplettangebote etc.
• Färjeleden 3 | 621 58 Visby

Tel. 04 98/20 12 60
www.gotlandsresor.se

FAHRRADVERLEIH

Gotlands Cykeluthyrning
• Skeppsbron 2 | 621 57 Visby
Tel. 04 98/21 41 33
www.gotlandscykeluthyrning.com

UNTERKÜNFTE

Wisby Hotell €€–€€€
Gelungene Kombination aus mittelalterlichen Mauern und moderner Architektur aus Stahl und Glas.
• Strandgatan 6 | 621 57 Visby
Tel. 04 98/25 75 00
www.nordicchoicehotels.com

💬 MITTELALTERWOCHE

Jedes Jahr Anfang August macht Visby eine Zeitreise um 700 Jahre zurück und stellt am letzten Sonntag kollektiv und lustvoll ein historisches Ereignis nach. 1361 überfiel Dänenkönig Valdemar Atterdag die Stadt und forderte von den Bürgern hohen Tribut. Historisch nicht belegt ist, dass die aufgebrachten Einheimischen daraufhin die Jungfrau, die dem Feind Einlass in die Stadt gewährt haben soll, in einen Turm einmauerten. Einheimische und Gäste kleiden sich möglichst authentisch, es gibt mittelalterliche Märkte und Turniere. Kurse in Kräuterheilkunde, mittelalterlicher Küche und Mythologie gehören zum Begleitprogramm (www.medeltidsveckan.se).

Mittelalterwoche in Visby

Best Western Strand Hotel €€
Auf drei Häuser verteiltes, erstklassiges
Hotel in zentraler Lage.
• Strandgatan 34 | 621 56 Visby
  Tel. 04 98/25 88 00 | www.strandhotel.se

Hotell Villa Borgen €€
Nettes Haus im oberen Teil der Altstadt,
sehr unterschiedliche, teils sehr kleine
Zimmer; reichhaltiges Frühstücksbuffet.
• Adelsgatan 11 | 621 56 Visby
  Tel. 04 98/20 33 06
  www.gtsab.se/hotelvillaborgen

Hotell St. Clemens €–€€
Teils mittelalterliche Gebäude gruppieren
sich um einen idyllischen Innenhof.
• Smedjegatan 3 | 621 55 Visby
  Tel. 04 98/21 90 00
  www.clemenshotell.se

STF Hostel Visby/Rävhagen €
Gästehaus außerhalb der Altstadt,
auch mit Hütten im Wald.

• Rävhagen 15 | 621 91 Visby
  Tel. 04 98/24 04 50
  www.svenskaturistforeningen.se

RESTAURANTS
Kitchen & Table €€€
Eleganz und Stil erlebt man im Restaurant
des Wisby Hotels › **S. 143.**
• Strandgatan 6 | 621 57 Visby
  Tel. 04 98/25 75 99
  Nur abends geöffnet, So geschl.
  www.kitchenandtable.se/visby/

Bakfickan €€
Klassiker! Direkt am großen Platz bei der
Ruine von St. Karin liegt das wegen seines
Seafoods gepriesene Lokal.
• Stora Torget 1 | 621 56 Visby
  Tel. 04 98/27 18 07 / bakfickanvisby.se

Donner's Brasserie €€
Erstklassige Küche, freundlicher Service
in angenehmer Gewölbeatmosphäre.
• Donner Plats 3 | 621 57 Visby
  Tel. 04 98/27 10 90
  www.donnersbrasserie.se
  Nur abends geöffnet, So geschl.

Nunnan Restaurang & Pub €–€€
Gute einfachere Gerichte, serviert in Räu-
men mit mittelalterlichen Malereien.
• Stora Torget 9 | 621 56 Visby
  Tel. 04 98/21 28 94
  www.nunnanvisby.se
  Im Sommer tgl. ab 11.30 Uhr

NIGHTLIFE
Gutekällaren
Lounge, Bars und Nachtklub, im Sommer
auch Strandbar.
• Lilla Torggränd 3
  621 56 Visby
  www.gutekallaren.com

TOFTA 2 ▮ E4

Auf dem Weg nach Tofta bietet sich von der Steilküste bei **Högklint** ein schöner Blick zurück auf Visby. Die attraktive Siedlung selbst ist eine traditionelle Sommerfrische mit besonders kinderfreundlichen Sandstränden, die auch Surfer schätzen.

HOTELS

Hotell Toftagården €–€€
Schönes Landhotel.
• Spireavägen 14 | 622 66 Tofta
　Tel. 04 98/29 70 00 | www.toftagarden.se

Tofta Strandpensionat €
Schlichtes, charmantes Hotel am Strand.
• Solbacksvägen 19 | 622 66 Tofta
　Tel. 04 98/29 70 60 | www.toftastrand.se

KLINTEHAMN 3 ▮ E4

Von Klintehamns Hafen aus erreicht man die unbewohnten **Karls-Inseln** mit ihrer üppigen Vogel- und Pflanzenwelt (www.storakarlso.se; zu den Inseln Stora Karlsö und Lilla: Mai–Ende Aug. zwei- bis dreimal täglich., Tel. 04 98/24 05 00).

UNTERKÜNFTE

Warfsholms Pensionat €–€€
Die Jugendstilvilla auf der Halbinsel nördl. vom Hafen bietet Unterkunft mit Hotel- und Jugendherbergsstandard.
• Klinte Varvsholm 612 | 623 76 Klintehamn
　Tel. 04 98/24 00 10 | www.warfsholm.se

Karlsö Jagt- & Djurskyddsförenings €
Auf Stora Karlsö übernachtet man in der Jugendherberge oder im Leuchtturm.
• Tel. 04 98/24 05 00 | www.storakarlso.se

BURGSVIK 4 ▮ E5

Burgsvik ist ein kleiner verschlafener Hafenort, wo im Sommer ein Fischrestaurant hinter den dicken Mauern des Hafenspeichers öffnet.

Die benachbarte Landkirche von **Öja** hat ein prachtvolles Kruzifix. Der Museumshof **Bottarvegården** liegt außerhalb (www.bottarve.se).

LJUGARN 5 ▮ E4

Zu Beginn des 20. Jhs. zählte der Ort an der Ostküste zu den populärsten schwedischen Sommerfrischen. Für die feine Gesellschaft gab es ein

---

💬 **LANDKIRCHEN**

Gotland war im Mittelalter eine der reichsten Regionen im Ostseeraum. Neben dem Handel treibenden Visby florierte auf der Insel auch die Landwirtschaft. Die Bauern wollten lange Zeit das Handelsprivileg der Stadt Visby nicht anerkennen. So entstand die Stadtmauer Visbys nicht zum Schutz vor äußeren Feinden, sondern vor der eigenen Bevölkerung. Der Wohlstand der Bauern lässt sich ablesen an den prächtigen Landkirchen aus dem 12. und 13. Jh., die es in fast jedem Dorf gibt. Über 50 blieben erhalten. Besonders schöne Landkirchen findet man in **Lärbro, Gothem** und **Tingstäde** im Norden, in **Ala** und **Lau** im Osten sowie **När** im Süden der Insel.

Sozietätshaus und am Strand eine Sauna. Im **Haus des Strandvogts** erläutert ein Museum die Natur und Geschichte der Gegend.

HERRLICHE STRÄNDE

- In Schweden kündigt ein eigenes Verkehrszeichen **Badeplätze** an. Gerade im Landesinneren wird man von diesem oft zu idyllischen Badestellen an Seen geführt. Wenn sich hier 50 Leute treffen, gilt es für schwedische Verhältnisse schon als voll.
- Geht man vom Parkplatz am Nationalparkhaus **Stenshuvud** › S. 58 über die Wiesen hinab in Richtung Meer, erreicht man einen kleinen, lauschigen Strand, der selten voll ist.
- **Skrea Strand** bei **Falkenberg** › S. 87 ist durch hohe Dünen vom Hinterland getrennt. Je weiter man sich von Falkenberg entfernt, umso einsamer wird es.
- Ein Klassiker ist **Tylösand** › S. 90. Die Strände sind bewacht, es gibt Restaurants und Buden.
- Der feine, fast weiße Sandstrand bei **Tofta** › S. 145 ist ein von den Touristen noch kaum aufgedecktes Geheimnis der Einheimischen. Service gibt es zwar keinen, aber ein Restaurant liegt in der Nähe.
- Wer mit sich und der Natur allein sein möchte, sucht den **Sudersand Strand** auf **Fårö** › S. 147. Von dem wissen selbst nur wenige Schweden.

UNTERKUNFT

Pensionat Lövängen & Frejs Magasin €–€€
Nette Frühstückspension und Jugendherberge in einem Lagerhaus von 1898. Im Garten am Meer außerdem Hütten mit teils guter Ausstattung.
- Storvägen 64 | 623 65 Ljugarn
  Tel. 04 98/49 30 11
  www.pensionatlovangen.se

RESTAURANT

Katthammarsviks Rökerei €
Die Fischräucherei 10 km nördl. von Ljugarn betreibt im Sommer ein kleines Restaurant am Hafen. Frischer Fisch und Geräuchertes in bester Qualität.
- Hamnen | 623 69 Katthammarsvik
  Tel. 04 98/523 75
  www.katthammarsviksrokeri.se

ROMA 6 ▮ E4

In dem Ort werden die auf Gotland angebauten Zuckerrüben verarbeitet. Noch heute ist Roma Knotenpunkt der eigens dafür gebauten Eisenbahnstrecken. In Romas Nachbardorf **Dalhem** kann man im Sommer mit einer Museumsbahn fahren (www.gotlandstaget.se).

Südöstlich stehen die Überreste eines Zisterzienserklosters aus dem 12. Jh. und eines Königshofs. Heute ist dort ein **Zentrum für Kunst und Design** (www.romakungsgard.se).

BLÄSE 7 ▮ E4

An der Bucht Kappelshamnsviken liegt der **Bläse Kalkbruk** mit einem Museum, das die Geschichte der Herstellung gebrannten Kalks veranschaulicht, der zu Mörtel, Zement o. Ä. verarbeitet wurde. In den Steinbruch fährt eine Museumsbahn (blase.se, Juni–Aug. tgl. 10–17 Uhr).

FÅRÖ 8 ⭐ ◼ E3–E4

Kurz vor **Fårösund** lohnt zunächst ein Besuch im **Bungemuseet** mit den rekonstruierten Hofanlagen. Im Sommer finden hier Handwerkstage statt; es gibt ein Café und einen Museumsshop (Mitte Mai–Anfang Sept. täglich mind. 11–16 Uhr). Von Fårösund verkehrt eine kostenlose Fähre zur Nachbarinsel **Fårö**. Der Ausflug zur nur dünn besiedelten »Schafsinsel« lohnt u. a. wegen der bizarren Kalksteinsäulen der **Raukar**. Die schönsten Felsformationen findet man im Norden der Insel an den steinigen Stränden Digerhuvud und Langhammar. Auf der Ostseite der Insel gibt es dagegen bei Sudersand feinen Sandstrand.

UNTERKÜNFTE
Fårösund Fästning €€€
In der einstigen Festung von Fårösund schufen die Besitzer in den kargen Kasematten einer Festung aus dem Krimkrieg ein erstklassiges Design- und Wellnesshotel, das von Juni bis September geöffnet hat; im Restaurant kann man von Mitte Juni bis Mitte August speisen
• Mellersta Batteriet | Bunge Bungenäs
  624 64 Fårösund
  Tel. 04 98/22 10 22
  www.farosundsfastning.com

Sudersand Semesterby €–€€
Hübsche Ferienhausanlage am feinen Sandstrand. Neben einfachen, älteren Häusern wurden komfortabler ausgestattete Doppelhäuser errichtet. Auch eine Jugendherberge und ein Restaurant gehören zu dem Komplex.
• Sudersand 5650
  624 67 Fårö
  Tel. 04 98/22 35 36
  www.sudersand.se

UNTERWEGS AUF ÖLAND

FÄRJESTADEN
9 📖 D5

Vom Festland aus erreicht man über die Brücke Ölandsbron Färjestaden als ersten und zugleich größten Ort der Insel Öland. Ein wenig weiter nördlich von Färjestaden erwartet der Tier- und Freizeitpark **Ölands Djur & Nöjespark** seine großen und kleinen Besucher (www.olandsdjurpark.com, Ende April–Ende Sept. tgl. mind. 11–16 Uhr)

BORGHOLM
10 📖 D5

Das Städtchen wird von der imposanten **Schlossruine** ⭐ überragt. Vis-à-vis vom Kalmarer Schloss ließ Johan III. ab 1570 die mächtige quadratische Burg mit ihren vier runden Wehrtürmen errichten. Keine 50 Jahre nach Baubeginn wurde die Renaissanceanlage im Krieg stark beschädigt; alle späteren Anläufe zum Wiederaufbau blieben unvollendet (www.borgholmsslott.se, April–Sept. tgl. mind. 10–16 Uhr). An Sommerabenden wird der Burghof gern als stimmungsvolle Kulisse für **Konzerte** genutzt. Unterhalb der Festung liegt der Ort mit dem Hafen. Im Sommer herrscht hier reger Trubel aufgrund der zahlreichen Restaurants, Cafés und Nachtklubs.

Die Königsfamilie verbringt jedes Jahr einige Wochen auf ihrem nahen Sommersitz **Solliden.** Der Park der Villa, die 1903 im italienischn Stil erbaut wurde, ist im Sommer für Besucher zugänglich (solli densslott.se, Mitte Mai–Aug. tgl. 11 bis 18, Sept. bis 16 Uhr, letzter Einlass 1 Std. vor Schließung).

INFO
Ölands Turistbyrå
- Storgatan 1
  387 31 Borgholm
  Tel. 04 85/890 00
  www.oland.se/de

HOTELS
Guntorps Herrgård €€€
Der alte Herrenhof hat schöne Zimmer und ein ausgezeichnetes Restaurant, das öländische Spezialitäten serviert.
- Guntorpsgatan 2
  387 36 Borgholm
  Tel. 04 85/130 00
  www.guntorpsherrgard.se

Hotell Borgholm €€–€€€
Das Hotel ist recht einfach, das Restaurant dagegen ziert ein Michelin-Stern.
- Trädgårdsgatan 15
  387 31 Borgholm
  Tel. 04 85/770 60
  www.hotellborgholm.se

GRANKULLAVIK 11 ▮ D4

Zwei Naturattraktionen zeichnen den Ort (www.grankullavik.com) an der nördlichen Spitze Ölands aus: **Neptuni åkrar** (Äcker Neptuns), so nannte Carl von Linné den Kieselstrand auf der Westseite, beliebt bei Sonnenuntergang- sowie Grillfans. **Trollskog** (Zauberwald) heißt der Wald mit seinen vom Wind gekrümmten Bäumen.

UNTERKUNFT
Pensionat Grankullavik €
Sehr einfaches Gästehaus mit Restaurant und Hütten ganz im Norden mit schöner Aussicht aufs Meer.
- Grankullavägen 318
  385 75 Byxelkrok | Tel. 07 04/92 43 35
  www.pensionatgrankullavik.com

EKETORP 12 ★ ▮ D5

Öland war bereits zur Eisenzeit besiedelt. Über die Insel verteilt findet man spärliche Überreste von Wehrburgen, in denen die Inselbewohner vor Überfällen Schutz fanden. **Burg Eketorp** in der Heidelandschaft Alvaret auf Südöland wurde seit 1978 mit Gebäuden aus verschiedenen Epochen rekonstruiert. Eine erste Burganlage entstand bereits etwa 300 n. Chr.; im 13. Jh. nutzte man sie zum letzten Mal. Jahrzehntelang präsentierte das Museum im Burghof wichtige Funde und informierte über die Geschichte. In den letzten Jahren war der Unterhalt der Anlage aber so defizitär, dass das Museum geschlossen werden musste. Wie es weitergeht, ist ungewiss.

EXTRA-
TOUREN

Ales Stenar, die Steine von Ale,
sind das »Stonehenge des Nordens«
an Skånes Südküste bei Ystad

TOUR
15

ENTLANG DER OSTSEEKÜSTE

ROUTE: Malmö > Trelleborg > Ystad > Kivik > Kristianstad > Karlskrona > Kalmar
> Oskarshamn > Söderköping > Nyköping > Stockholm

KARTE: Klappe hinten
DISTANZEN: Malmö > Ystad ca. 1,5 Std.; **Ystad > Kristianstad** ca. 2,5 Std.; **Kristianstad > Kalmar** ca. 3 Std.; **Kalmar > Söderköping** ca. 3 Std.; **Söderköping > Stockholm** ca. 3 Std.; Gesamtlänge ca. 750 km; die Angaben beziehen sich auf die Fahrt-
zeit mit dem Auto. Die Reisedauer sollte mind. 4, besser 7 Tage betragen.
VERKEHRSMITTEL: Diese Tour sollte mit dem Auto unternommen werden.

Ob Sie über die Öresundbrücke bei Malmö Schweden erreichen oder mit
den Fähren von Travemünde, Rostock oder Sassnitz nach Trelleborg übersetzen – der Einstieg in diese Tour liegt am südlichsten Zipfel Schwedens.
Malmö > S. 59 lässt sich an einem Tag erschließen, etwa bei einem Bummel
durch die Innenstadt oder im Viertel Västra Hamnen mit dem spektakulären
Hochhaus »Turning Torso«. In **Trel-
leborg >** S. 62 lohnt die gleichnamige
Wikingerburg einen Stopp. Krimifans können im mittelalterlichen
Ystad > S. 62 nächtigen und dann auf
den Spuren von Kommissar Wallander wandeln. Sandstrände und Steilküste wechseln sich zwischen Ystad
und **Simrishamn >** S. 63 ab. Spazier-
gänge in Kåseberga hinauf zu **Ales
Stenar >** S. 63, gern auch als »Stonehenge des Nordens« bezeichnet, und
im **Nationalpark Stenshuvud >** S. 58
bei **Kivik >** S. 63 verschaffen einmalige Naturerlebnisse. Und Abstecher
ins Landesinnere zur **Burg Glimmingehus >** S. 63 zeigen, wie strategisch
bedeutend die Region war – sowohl
unter dänischer als auch schwedischer Herrschaft.

Die Öresundbrücke wurde 2000 eröffnet

Nördlich von Kivik passiert man die Ebene bei **Åhus** › S. 64 und erreicht das Übernachtungsziel **Kristianstad** › S. 64. Fährt man weiter nach Osten, ist die Küste von der E 22 aus nicht zu sehen. Kurze Abstecher führen aber zu den Sandstränden von Blekinge. Ab Karlshamn ändert sich dann langsam die Küstenlandschaft: Hier beginnt der Schärengarten aus Tausenden kleinen Inseln und Schären, die die Ufer der Ostsee säumen. **Karlskrona** › S. 72 ist marinehistorisch interessant; seine Festungsanlagen sind als Weltkulturerbe der UNESCO gekürt. Die bekannteste Sehenswürdigkeit der darauf folgenden Universitätsstadt **Kalmar** › S. 73 ist das Schloss, das direkt am Meer erbaut wurde. Die Stadt eignet sich zudem gut zum Übernachten und als Ausgangspunkt für eine Tagestour auf die Insel **Öland** › S. 147 oder ins **Glasreich** › S. 74. Die sich nach Norden ausbreitende Einsamkeit wird nur unterbrochen in **Oskarshamn** › S. 80, von wo die Fähren nach Gotland starten, oder in der hübschen Kleinstadt **Västervik** › S. 81. Das ändert sich wieder, wenn **Söderköping** › S. 118 am Göta-Kanal erreicht ist. Hier bietet sich ein klassisches Schwedenidyll: Kurhotel mit Park, Freizeitboote im Kanal und Restaurants am Ufer. Auf dem Weg nach Stockholm kann man entweder über **Norrköping** › S. 119 und die Autobahn fahren oder die kleine Fähre bei Östra Husby über die Bucht Bråviken nehmen. Auch in der Folge gibt es mehrere Möglichkeiten, die Autobahn zu meiden. Eine attraktive Variante führt von Nyköping auf der Küstenstraße 219 über Schloss Nynäs und das **Naturreservat Stendörren** › S. 120 nach Vagnhärad und weiter nach **Trosa** › S. 120 mit seinem lebhaften Hafen. Ein Stück weiter nördlich wartet dann das schöne Schloss Tullgarn › S. 115. Die Hauptstadt **Stockholm** › S. 127 ist ein Reiseziel für sich, für das man sich zwei bis vier Tage Zeit nehmen sollte.

VOM KATTEGATT IN DIE WÄLDER VÄRMLANDS

ROUTE: Malmö › Halmstad › Varberg › Göteborg › Tanum › Ed › Bengtsfors › Arvika › Sunne › Karlstad

KARTE: Klappe hinten

DISTANZEN: **Malmö** › **Göteborg** ca. 3 Std.; **Göteborg** › **Tanum** ca. 3,5 Std.; **Tanum** › **Bengtsfors** ca. 1,5 Std.; **Bengtsfors** › **Sunne** ca. 3 Std.; **Sunne** › **Karlstad** ca. 1 Std.; gesamt 760 km, alle Angaben reine Fahrzeit mit dem Auto. Die Reisedauer sollte 1 Woche betragen.

VERKEHRSMITTEL: Von Malmö nach Göteborg kommt man zwar gut mit der schwedischen Bahn, aber für den dann folgenden Teil ist nur ein Auto sinnvoll.

Ausgangspunkt ist **Malmö** › S. 59, wo neben den modernen Highlights im Viertel Västra Hamnen auch das Stadtzentrum einen Stopp verdient. In **Landskrona** › S. 65 beeindruckt dann v. a. die Zitadelle am Hafen. Mit **Helsingborg** › S. 66 erreicht man den nach Trelleborg zweitwichtigsten Fährhafen Südschwedens. Vom Turm Kärnan im Zentrum kann man schön über den schmalen Öresund bis hinüber zu »Hamlets Schloss« im dänischen Helsingør schauen. Ein Abstecher auf die **Halbinsel Kullen** › S. 66 endet auf dem knapp 200 m hohen Kullaberg, der den Übergang vom Öresund zum Kattegatt markiert.

Nachdem zwischen **Ängelholm** › S. 89 und **Båstad** › S. 89 der Höhenzug Hallandsåsen überwunden ist, wird das Land flach. Hier beginnen weitläufige Sandstrände mit teilweise hohen Dünen, die sich über **Halmstad** › S. 90 und **Falkenberg** › S. 90 bis nach **Varberg** › S. 90 ziehen. Die massive Festung Varbergs erinnert daran, dass diese Region zwischen Schweden und Dänemark-Norwegen lange umstritten war. Nun sind buckelige Schären der Küste vorgelagert, entlang derer man sich **Göteborg** › S. 91, Schwedens zweitgrößter Stadt nähert. Sie landet in Umfragen unter jungen Leuten als Partyhochburg regelmäßig auf den ersten Plätzen, und wer hier übernachtet, kann die Szene testen. Viel Zeit sollten Sie sich dann für die nördlich angrenzende Region Bohuslän nehmen. Die Mischung aus Seglerparadies, Fischerhäfen und einzigartigen Felsritzungen lohnt mehr als nur einen flüchtigen Blick. Wer auf den Landstraßen über die Inseln **Tjörn** › S. 98 und **Orust** › S. 98 fährt, benötigt weit mehr Zeit, als die Kilometerangaben vermuten lassen. Alte Badeorte wie **Lysekil** › S. 99 oder **Smögen** › S. 99 laden zum Bleiben ein; sie wechseln sich ab mit den Fischerdörfern oder ehemaligen Granitsteinbrüchen wie bei Bovallstrand. Bei **Tanumshede** › S. 101 ist eines der großartigsten Gebiete mit Felsritzungen zu finden, von denen es in der Region Bohuslän mehrere gibt.

Am nächsten Tag gelangt man auf dem Weg ins Inland nach **Ed** › S. 108 am südlichen Ende des schmalen, 60 km langen Sees Stora Le. Der benachbarte Lelång bei **Bengtsfors** › S. 109, dem nächsten Übernachtungsziel, ist ähnlich lang, aber noch schmaler. Diese eiszeitlichen Rinnen sind typisch für Dalsland, das Land der Täler, und bilden ein ideales Revier für Wassersportler. Der **Dalsland-Kanal** › S. 108 verbindet diese Seen mit nur 12 km echtem, also gegrabenem Kanal. Von Bengtsfors aus sollte man einen Abstecher nach **Håverud** › S. 108 machen, wo der Kanal in einem stählernen Aquädukt über eine Stromschnelle führt. Über Årjäng geht der Weg weiter nach Norden bis **Arvika** › S. 110. Das örtliche Rackstadmuseet ist einer Künstlerkolonie gewidmet. In der Nähe von **Sunne** › S. 110 am See Fryken, dem vorletzten Übernachtungsort, lebte die Schriftstellerin Selma Lagerlöf. Ihr original eingerichtetes Wohnhaus sollte man nicht verpassen. Die Tour endet in **Karlstad** › S. 111, der Hauptstadt Värmlands. Sie verdankt ihre Entstehung der Lage an der Mündung des Flusses Klarälven in den Vänersee.

INFOS VON A–Z

ÄRZTLICHE VERSORGUNG

Bei Erkrankungen, Unfällen oder akuten Zahnschmerzen wendet man sich an die *Akutmottagning* (Unfallstation) in Krankenhäusern und Kliniken. Gegen Vorlage der EU-Krankenversicherungskarte fällt für gesetzlich versicherte Reisende aus Deutschland und Österreich eine Gebühr (umgerechnet etwa 10–30 €) an; generell ist eine zusätzliche Auslandskrankenversicherung ratsam.

BARRIEREFREIES REISEN

Schweden hat eine vorbildliche Infrastruktur für Behinderte. Infos erteilt der **De Handikappades Riksforbund** (Tel. 08/685 80 00, www.dhr.se). Infos auch unter visitsweden.de/barrierefreies-reisen.

DIPLOMATISCHE VERTRETUNGEN

- **Deutsche Botschaft**, Skarpögatan 9, 115 27 Stockholm, Tel. 08/670 15 00, www.stockholm.diplo.de
- **Österreichische Botschaft**, Kommendörsgatan 35/V, 114 58 Stockholm, Tel. 08/665 17 70, www.bmeia.gv.at
- **Schweizer Botschaft**, Valhallavägen 64, 10041 Stockholm, Tel. 08/676 79 00, www.eda.admin.ch/stockholm

EINREISE

EU-Bürger müssen nicht, sollten aber ein Ausweisdokument mit sich führen. Eine gültige Identitätskarte oder einen gültigen Pass benötigen Schweizer.

ELEKTRIZITÄT

220 V Wechselstrom, in Bädern nur 110-V-Steckdosen für Rasierapparate.

FEIERTAGE

Neujahr (1. Jan.), Dreikönigstag (6. Jan.), Karfreitag, Ostersonntag und -montag, 1. Mai, Christi Himmelfahrt, Pfingstsonntag, 6. Juni (Nationalfeiertag), Mittsommerabend und Mittsommertag (Fr und Sa um den 21. Juni), Allerheiligen (Sa, der auf den 1. Nov. folgt) und Weihnachten (25./26. Dez.).

FKK

Es gibt keine ausgewiesenen Bereiche an den Stränden, aber Nacktbaden ist an ungestörten Badeplätzen üblich.

GELD

Landeswährung ist die Schwedische Krone (SEK). Im Umlauf sind Scheine zu 20, 50, 100, 500 und 1000 SEK sowie Münzen zu 1, 2, 5 und 10 SEK. **Wechselkurs** (Stand: Juni 2019): 100 SEK = 9,35 € / 10,47 CHF; 1 € = 10,69 SEK, 1 CHF = 9,55 SEK.

Kreditkarten sind im ganzen Land gängige Zahlungsmittel. Immer mehr Hotels und Restaurants arbeiten komplett bargeldlos. Ohnehin ist Schweden auf dem Weg dahin, das Bargeld abzuschaffen, da die meisten Bürger nur noch mit Karte zahlen. Mit der in Deutschland verbreiteten Maestrokarte mit PIN kann man an Geldautomaten zwar Bargeld abheben, aber als Zahlungsmittel wird sie in der Regel nicht akzeptiert.

GESUNDHEIT

Für Campingurlaub und Wanderungen wird von Frühjahr bis Herbst zu einer **Schutzimpfung gegen Zecken-Hirnhautentzündung** geraten.

HAUSTIERE

Für die Einreise mit Hunde, Katzen und Frettchen ist der EU-Heimtierpass nötig. Die Tiere müssen eine gültige Tollwutimpfung haben und einen Chip oder eine Tätowierung tragen, wenn sie vor dem 3. Juli 2011 tätowiert wurden (Infos bei:

Statens Jordbruksverk, Tel. 07 71/22 32 23, www.jordbruksverket.se).

INFORMATION

- **Visit Sweden**
  Voltvägen 32
  831 48 Östersund
  www.visitsweden.com
- **Anfragen per E-Mail:**
  germany@visitsweden.com
  austria@visitsweden.com
  switzerland@visitsweden.com

NOTRUF

- **Notruf:** Tel. 112
  (auch im Mobilfunknetz)
- **Pannenhilfe:** Assistancekåren
  Service, Tel. 020/91 29 12 (gratis;
  nur innerhalb des Landes)

ÖFFNUNGSZEITEN

In Schweden gibt es kein Ladenschlussgesetz. **Geschäfte** haben in der Regel mindestens Mo–Fr 9–18 und Sa bis 13 oder 14 Uhr geöffnet, große **Supermärkte** tgl. (So etwa 11–16 Uhr). **Banken** haben Mo–Fr 9.30–15 Uhr, **Postagenturen** meist nur Mo bis Fr 9–18 Uhr geöffnet.

Touristenattraktionen haben im Juli länger geöffnet als in der restlichen Sommersaison (Mai–Aug.). In der übrigen Zeit ist der Ruhetag meist Montag. Viele Freizeitparks und kleine Museen sind Sept. bis April geschlossen.

RAUCHVERBOT

In Schweden gilt ein striktes Rauchverbot in allen gastronomischen Einrichtungen und öffentlichen Gebäuden.

TELEFON, HANDY, INTERNET

Telefonzellen funktionieren in der Regel nur noch mit Telefonkarte (in sogenannten Telia-Läden und an Zeitungskiosken erhältlich). Über die Servicenummer 020/ 79 90 49 (eine Einheit) kann man ein Gespräch anmelden, das der Empfänger be-

zahlt. Die Netzabdeckung für Mobiltelefone ist in Südschweden quasi komplett, und Roaming funktioniert ohne Probleme. Seit Mitte 2017 gelten im EU-Land Schweden die gleichen Roaminggebühren wie zu Hause beziehungsweise die Roaminggebühren entfallen.

Weit verbreitet sind Internetcafés und WLAN-Hotspots.

- Vorwahl nach Deutschland: 0049
- Vorwahl nach Österreich: 0043
- Vorwahl in die Schweiz: 0041
- Vorwahl nach Schweden: 0046, dann Ortsvorwahl ohne 0

TRINKGELD

Service ist in Schweden in allen Preisen enthalten, Trinkgeld erwarten nur Taxifahrer; über eine Anerkennung für guten Service freut sich aber selbstverständlich auch die Bedienung.

ZOLL

EU-Bürger dürfen Waren für den privaten Gebrauch unbeschränkt ein- und ausführen. Für die Einfuhr aus Nicht-EU-Ländern gelten 200 Zigaretten oder 250 g Tabak, 4 l Wein oder 1 l Hochprozentiges als Höchstmenge (www.tullverket.se).

Bei der Rückreise ins Heimatland gelten die gleichen Freimengen, dazu kommen Geschenke (Schweiz bis zu maximal 300 CHF).

🍴 URLAUBSKASSE

• Tasse Kaffee	ab 2–3 €
• Softdrink (Cola,	
• Mineralwasser)	ab 3 €
• Glas Bier	6–8 €
• Snack Ostmacka	
(Käsebrötchen)	ab 5 €
• Kugel Eis	2–2,50 €
• Taxifahrt (Kurz-	
strecke 10–12 Km)	25 €
• Mietwagen/Tag	ab 32 €

REGISTER

BILDNACHWEIS

Coverfoto Värmland, Schweden © Lookphotos/Franke-Hofstetter
Fotos Umschlagrückseite © stock.adobe.com/Ködder, Rico: 6 (links); Getty Images/istock/knape (Mitte); Shutterstock/ Lev Levin (rechts)

Alamy/Bildapoteket/Petersson, Per: 109; Alamy/BKWine.com/Karlsson, Per: 79; Alamy/Dalstrom, Johan: 28; Alamy/Folio Images: 52; Alamy/imagebroker: 113; Alamy/Lindsey, Jason: 102; AWL Images/Adams, Peter: 85; Fotolia/Michael715: 107; Getty Images/istock/knape: 46; GlowImages/imagebroker RF: 13; Huber Images/Armellin, Andrea: 54; imagebank.sweden.se/Assner, Göran: 91; imagebank.sweden.se/Dahlstrand, Melker: 37; imagebank.sweden.se/Emitslöf, Maria: 34; imagebank.sweden.se/Folio Lund: 65; imagebank.sweden.se/Karström, Jacob: 49; imagebank.sweden.se/Larsson Lantz, Cecilia: 125; imagebank.sweden.se/Pixel, Per: 40; imagebank.sweden.se/Ryan, Richard: 73; imagebank.sweden.se/ Simonsson, Jan: 75; imagebank.sweden.se/Wahlman, Helena: 29; J-P Lahall Fotografi: 51; laif/Lengler, Gregor: 50; laif/ Schwelle, Dagmar: 10, 127; Lookphotos/age fotostock: 67; Lookphotos/Bäck, Christian: 118; Lookphotos/Dressler, Hauke: 110; Lookphotos/Meinhardt, Olaf: 149; mauritius images/Alamy: 25, 150; mauritius images/United Archives: 45; Medeltidsveckan: 144; Nowak, Christian: 8; Shutterstock/anderm : 23; Shutterstock/Bunt, Gerrit: 96; Shutterstock/Damkier, Mikael: 30; Shutterstock/Eftimov, Kalin: 135; Shutterstock/footageclips: 18; Shutterstock/Lekavicius, J.: 16; Shutterstock/Lev Levin: 15, 123; Shutterstock/Magnusson, Roland: 121; Shutterstock/McAulay, Sophie: 32; Shutterstock/Mediagram: 68; Shutterstock/Pajor, Lukasz: 81; Shutterstock/Raboff, Charlotte: 138; Shutterstock/Rolf_52: 61, 27; Shutterstock/ Swedishnomad.com /Alex W: 20; Shutterstock/Trommer, Matt: 43; Shutterstock/VanderWolf Images: 101; Shutterstock/ Yanushevsky, Roman : 39; Shutterstock/ZU Photo: 19; Stockholms stad/Li, Yanan: 133; stock.adobe.com/Ködder, Rico: 6; stock.adobe.com/korkeakoski: 142; stock.adobe.com/Race, Dan: 14; stock.adobe.com/Tauzin, Alexi: 9.

Liebe Leserin, lieber Leser,
wir freuen uns, dass Sie sich für diesen POLYGLOTT on tour entschieden haben.
Unsere Autorinnen und Autoren sind für Sie unterwegs und recherchieren sehr gründlich,
damit Sie mit aktuellen und zuverlässigen Informationen auf Reisen gehen können.
Dennoch lassen sich Fehler nie ganz ausschließen. Wir bitten Sie um Verständnis, dass der
Verlag dafür keine Haftung übernehmen kann.

Ihre Meinung ist uns wichtig. Bitte schreiben Sie uns:
GRÄFE UND UNZER VERLAG
Postfach 86 03 66, 81630 München, Tel. 0 89 / 419 819 41
www.polyglott.de

LESERSERVICE
polyglott@graefe-und-unzer.de
Tel. 0 800 / 72 37 33 33 (gebührenfrei in D, A, CH), Mo–Do 9–17 Uhr, Fr 9–16 Uhr

1. Auflage 2019

© 2019 GRÄFE UND UNZER VERLAG GmbH,
München
Dieses Buch wurde auf chlorfrei gebleichtem
Papier gedruckt.
ISBN 978-3-8464-0492-8

Alle Rechte vorbehalten. Nachdruck, auch
auszugsweise, sowie die Verbreitung durch
Film, Funk, Fernsehen und Internet, durch
fotomechanische Wiedergabe, Tonträger und
Datenverarbeitungssysteme jeglicher Art nur
mit schriftlicher Genehmigung des Verlages.

Bei Interesse an maßgeschneiderten
B2B-Editionen:
gabriella.hoffmann@graefe-und-unzer.de

Bei Interesse an Anzeigen:
KV Kommunalverlag GmbH & Co. KG
Tel. 089/928 09 60
info@kommunal-verlag.de

Verlagsleitung: Grit Müller
Verlagsredaktion: Anne Kalin Scheiter
Autoren: Christian Nowak, Birgit Bock-Schröder
Redaktion: Karen Dengler, Werkstatt München
Bildredaktion: Kathrin Schäfer
Mini-Dolmetscher: Langenscheidt
Umschlaggestaltung & Layout:
Independent Medien Design, München
Horst Moser (Artdirection), Lucie Heselich
Karten und Pläne: Huber Kartographie GmbH
Satz: uteweber-grafikdesign
Herstellung: Anna Bäumner,
Gloria Schlayer
Druck und Bindung:
Printer Trento, Italien

PEFC/18-31-506

Ein Unternehmen der
GANSKE VERLAGSGRUPPE

MINI-DOLMETSCHER SCHWEDISCH

ALLGEMEINES

Guten Morgen.	God morgon. [gu‿**morr**on]
Guten Tag.	God dag. [gu‿**dah(g)**]
Guten Abend.	God afton. [gu‿**af**ton]
Hallo!	Hej [hej]
Wie geht's?	Hur är det? [hühr‿**eh** deh]
Danke, gut.	Bara bra, tack. [bahra **brah,** takk]
Ich heiße ...	Jag heter ... [jah **heh**tər]
Auf Wiedersehen.	Hej då. [hej‿**doh**]
Morgen	morgon [**morr**on]
Nachmittag	eftermiddag [**eft**ərmiddah(g)]
Abend	kväll [kwäll]
heute	i dag [ih‿**dah(g)**]
morgen	i morgon [ih‿**morr**on]
gestern	i går [ih‿**gohr**]
Sprechen Sie Deutsch / Englisch?	Talar du tyska / engelska? [**tah**lar düh **tüs**ka / **eng**əlska]
Wie bitte?	Ursäkta? [ühr**schäk**ta]
Ich verstehe nicht.	Jag förstår inte. [jah för**schtohr** intə]
Sagen Sie es bitte nochmals.	Säg det en gång till, är du snäll. [**ßäj** deh‿ehn gong **till,** eh düh **ßnäll**]
..., bitte.	..., är du snäll. [eh düh **ßnäll**]
Danke	Tack [**takk**]
Bitteschön.	..., var så god. [**wah**‿schoh **guh(d)**]
Keine Ursache.	Det var så litet. [deh wahr ßoh **lih**tə]
was / wer / welcher	vad / vem / vilken [wah / wem / **wil**kən]
wo / wohin	var / vart [wahr / wart]
wie / wie viel	hur / hur mycket [hühr / hühr **mükk**ə]
wann / wie lange	när / hur länge [nähr / hühr **läng**ə]
Wie heißt das?	Vad heter det? [wah **heh**tər deh]
Wo ist ...?	Var är ...? [**wahr**‿eh]
Können Sie mir helfen?	Kan du hjälpa mig? [kann‿düh **jäl**pa mej]
ja	ja [jah]
nein	nej [nej]
Entschuldigen Sie.	Förlåt. [för**loht**]
Das macht nichts.	Det gör ingenting. [deh **jöhr** ingənting]
Gibt es hier eine Touristeninformation?	Finns det en turistinformation här? [**finns** deh ehn tüh**rist**-informa**schuhn** hähr]

SHOPPING

Wo gibt es ...?	Var finns det ...? [wahr **finns** deh]
Wie viel kostet das?	Hur mycket kostar det? [hühr mükkə **kos**tar deh]
Wo ist eine Bank?	Var finns det en bank? [**wahr** finns deh ehn **bank**]
Geben Sie mir 100 g Käse / zwei Kilo Orangen.	Ge mig ett hekto ost / två kilo apelsiner. [**jeh** mej **ett** hektu **ust** / **twoh** chihlu appel**ßihn**ər]
Haben Sie deutsche Zeitungen?	Har du tyska tidningar? [**hahr** düh **tüs**ka **tihd**ningar]
Wo kann ich telefonieren / eine Telefonkarte kaufen?	Var kan jag telefonera / köpa ett telefonkort? [wahr kann jah telefo**neh**ra / **chöh**pa ett tele**fohn**kurt]

ESSEN UND TRINKEN

Die Speisekarte, bitte.	Kan jag få matsedeln, tack? [kann jah **foh maht**ßehdəln, **takk**]
Brot	bröd [bröhd]
Kaffee	kaffe [**kaff**ə]
Tee	te [teh]
mit Milch / Zucker	med mjölk / socker [me‿**mjölk** / **ßokk**ər]
Orangensaft	appelsinjuice [appəl**ßihn**juhs]
Suppe	soppa [**ßopp**a]
Fisch / Meeresfrüchte	fisk / skaldjur [fisk / **skahl**jühr]
Fleisch	kött [**chött**]
Geflügel	fågel [**foh**gəl]
Beilagen	tillbehör [**till**behöhr]
vegetarische Gerichte	vegetariska rätter [wehgə**tah**riska **rätt**ər]
Eier	ägg [ägg]
Salat	sallad [**ßall**ad]
Dessert	efterrätt [**eft**ər·rätt]
Obst	frukter [**fruk**tər]
Eis	glass [glass]
Wein	vin [wihn]
Bier	öl [öhl]
Wasser	vatten [**watt**ən]
Mineralwasser	mineralvatten [mine**rahl**wattən]
Limonade	läskedryck [**läß**kədrükk]
Ich möchte bezahlen.	Jag skulle vilja betala. [jah skullə wilja be**tah**la]
Es war sehr gut / nicht so gut.	Det var mycket bra / inte så bra. [**deh** wahr mükkə **brah** / **int**ə ßoh **brah**]

MEINE ENTDECKUNGEN

....

....

....

....

....

....

....

....

....

....

....

....

....

....

....

....

....

....

CHECKLISTE SÜDSCHWEDEN

Nur da gewesen oder schon entdeckt?

☐ **IDYLLISCH BADEN GEHEN**
Folgen Sie immer mal wieder den speziellen Verkehrszeichen, die Sie vor allem im Landesinneren mitunter zu traumhaften Badeplätzen leiten. › S. 146

☐ **GRÄBER & KUNST**
Die beiden damals jungen Architekten Gunnar Asplund und Sigurd Lewerentz schufen mit Skogskyrkogården bei Stockholm einen der weltweit schönsten Friedhöfe. › S. 44

☐ **SCHWARZES GOLD**
Wer in Gotland mit ausgebildeten Hunden auf Trüffelsafari war, hat wirklich etwas entdeckt. › S. 15

☐ **FRÜHLINGSBOTEN**
Der »Hochzeitstanz« der Kraniche am See Hornborgasjö in Västergötland ist ein überwältigendes Naturschauspiel – schöner kann Ballett kaum sein. › S. 17

☐ **AURORA BOREALIS**
Im Nordic Light Hotel zu übernachten bedeutet, sich zeitlosem Luxus hinzugeben: dem Nordlicht und seinen Farben. › S. 33

☐ **TRENDS AUFSPÜREN**
Nach einem Besuch des Form Design Center wissen Sie, was angesagt ist. › S. 17

☐ **BRÖD OCH SOVEL**
Das Restaurant PM & Vänner im småländischen Växjö ist an sich ja schon eine Reise wert, aber auch die hauseigene Bäckerei lohnt einen Besuch. Hier kann man schwedische Brotbackkunst entdecken, zum Beispiel bei einem tollen Frühstück. › S. 14

> 🗨 **MITBRINGSEL**
>
> • **Mackmyra Whisky:** Macht sich nicht nur in der eigenen Hausbar gut › S. 17
> • **Transjö Hytta:** Schöne Schüsseln gibt es in der kleinsten Glasreichhütte › S. 77